これならわかる日本の領土紛争

国際法と現実政治から学ぶ

松竹伸幸

大月書店

目次

三 尖閣諸島問題

はじめに

領土問題で「これならわかる」本だということを売り文句にしても、多くの方からは、「もうわかっているよ」といわれてしまうかもしれません。世の中には、「これはわが国の領土だ」という雑誌や新聞の記事があふれかえり、本も山積みされていますから。

一方、よく考えなければならないのは、紛争の相手国においても、「これはわが国の領土だ」という主張が充ち満ちていることです。そして、どちらかの国が自説を主張すると、相手の国が反発し、どんどん関係が悪くなってきたというのが、この間の基本的な構図だったと思います。

このようにして、領土紛争は、なかなか解決しませんでした。この本で取りあげる竹島とか、北方領土などは、もう六〇年以上も争いが続いています。これからも、解決する見通しは、ほとんど見えていません。その構図は、これからも簡単には変わらないように思えます。

本書で「わかる」というのは、まさにそのことです。領土紛争がなぜ解決しないのか、関係国で意見が食い違うのはなぜか、その難しさがわかるというのが、この本のコンセプトです。

そのために、本書では、国際法と現実政治（リアル・ポリティクス）のいろいろな側面を解説しています。何百年もの間、世界は、「この領土は俺のものだ」と主張し、それを獲得するために戦争をしかけるなど、ほんとうに必死になってきました。国際法というのは、そういう行動を正当化するためにつくられたといっても、過言ではありません。ということは、領土紛争を極めることは、国際法とは何か、それを生みだしたリアル・ポリティクス（現実政治）とは何かという問いにも、私たちを近づけてくれることにもなります。

領土問題のこうした側面を知ることができれば、なぜ相手国もこの問題にこだわっているのか、奥深いところで理解できます。そうなれば、領土問題での対立が先鋭化したときでも、ストレスがたまることはありません。「国際法を学ぶって、楽しいんだね」と、得したような気持ちにもなれるでしょう。

私は、そういう気持ちの余裕があってこそ、領土問題に粘り強く、じっくりと取り組むことができると思います。領土問題の解決には、多数の人びとが、そういうゆったりとした心をもつことが大事なのです。

ということで、早速、本論に入っていきましょう。最初は竹島問題です。韓国との争いの対象になっています。

じつは、この竹島問題、この本で取り上げる問題のなかで、いちばん難しいのです。でも、だからこそ、これが最初です。これがわかれば、あとの問題は、比較的簡単だからです。

第一章

竹島問題

竹島

まず竹島の場所を確認しておきましょう（図1―1）。

地図を見ただけで、国境を定める難しさが伝わってきます。ごらんのとおり、竹島は、日本と韓国のそれぞれの本土から、ちょうど中間点のあたりに存在しています（図1―2）。一方、竹島からいちばん近い日本領は島根県の隠岐島《おきのしま》で、同じく韓国領は鬱陵島《うつりょうとう》ですが、これだと韓国のほうが圧倒的に近いことになります。

この竹島について、日本と韓国の政府は、それぞれ領有権を主張しています。「この島は自国のものだ」と突っ張っているわけです。実態面を見ると、韓国側が警備し、漁業を営むなど、支配権を及ぼしています。これを国際法の用語では、**実効支配**といいます。日韓両国は、領有権を主張するにあたって、その根拠を提示しています。これだけ近い場所にある島ですから、どちらの国の古い文献にも記述があり、「自国のものだ」と思える根拠が両国ともに存在するのです。

領土紛争を考えるうえで大切なことは、その事実です。どちらにも言い分があって、根拠があるという現実です。一〇〇％自国が正しく、一〇〇％相手国が間違っているという事例は、ほとんど存在しないのです。ですから、相手の言い分であっても、素直に耳を傾けることが大事です。相手の言い分を深く理解したうえで、それでもなぜ自分の主張が正しいと思うかをいうことができたら、とても説得力がでてくるはずです。

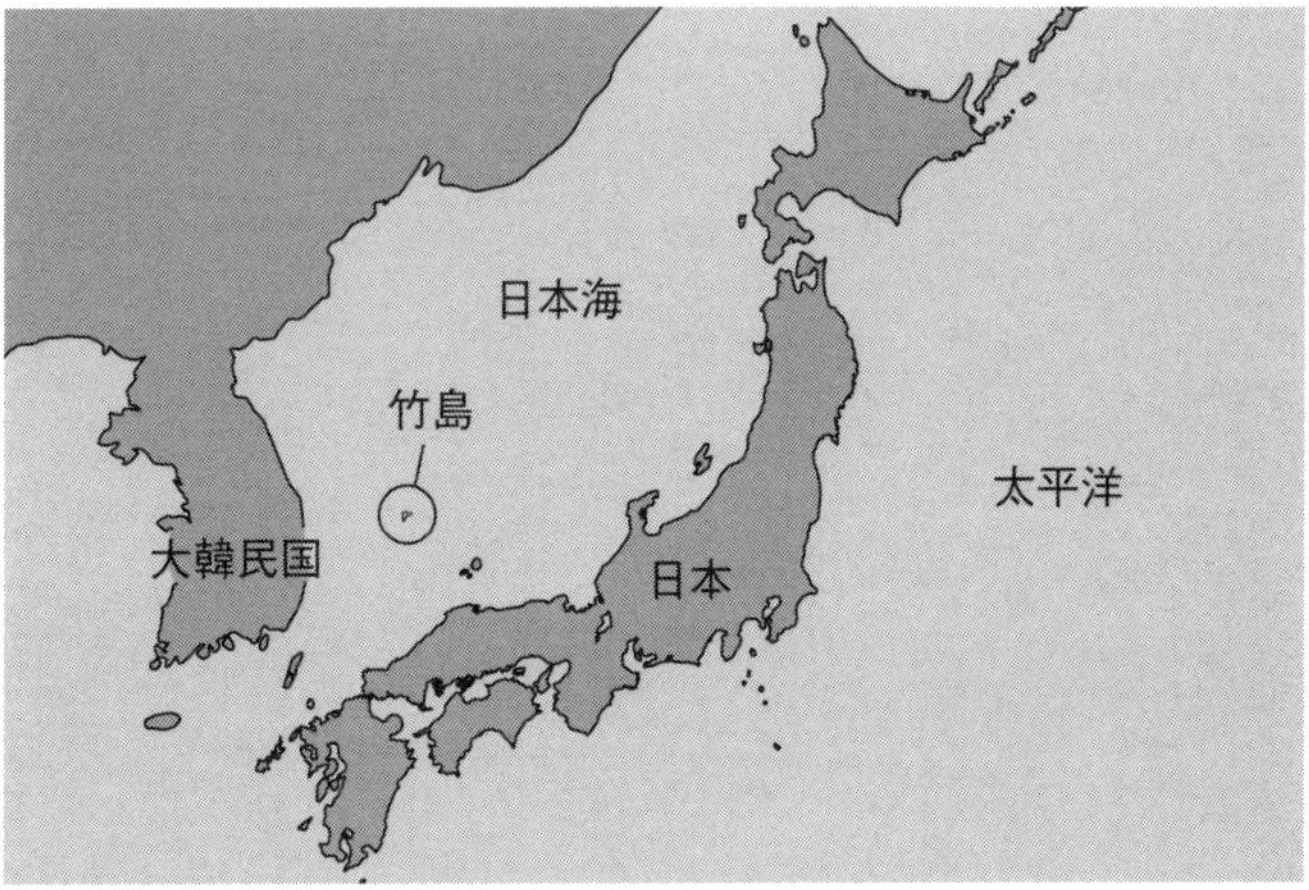

図１－１

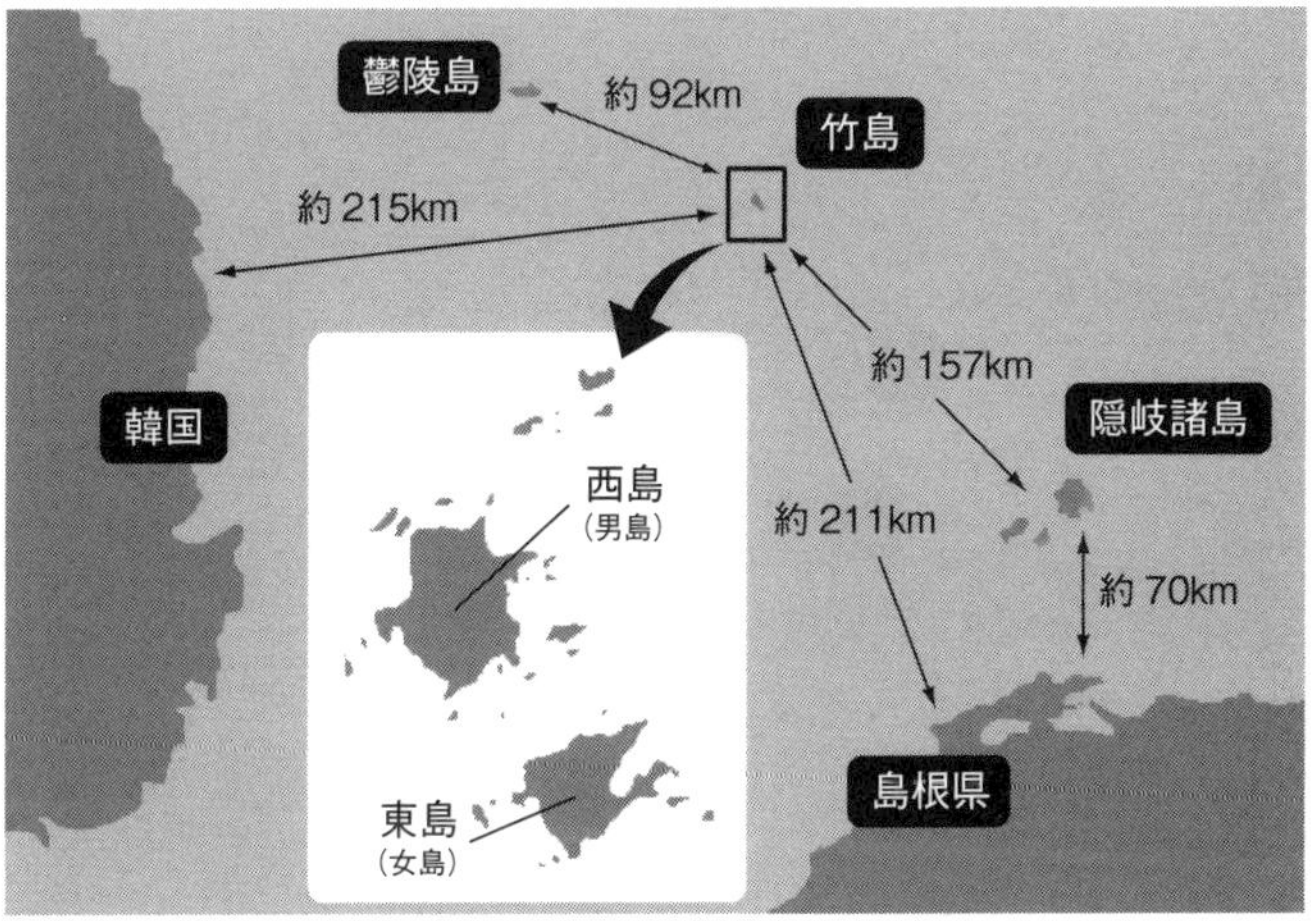

図１－２　日本・韓国と竹島の位置

それでは本題に入ります。竹島はどちらの国のものなのか。

1　古くからの実効支配があれば議論の余地がない

●領土かどうかを決める基準は？

ところで、ある場所がどの国に属するのかは、誰がどうやって決めるのでしょうか？おいおい明らかにしていきますが、これにはいろいろな考え方が存在します。

たとえば、四国が日本のものだということは、誰も疑いません。日本人が疑わないだけではなくて、世界の誰もが、それに異議を申し立てたという話は聞いたことがありません。この事実からわかることは、ある場所に古くから人が住んでいて、いまでも住んでいるというような場合は、その場所の領有権は明白だということです。

住んでいるという場合だけではありません。瀬戸内海などには無人島がたくさんありますが、だからといって他の国がしゃしゃり出てくることはない。なぜかというと、夏休みには海水浴に使ったり、日常的には漁業の根拠地となったり、産業廃棄物の捨て場所となったりと、やはり日本人だけが使っているからです。すでに紹介した実効支配という考え方です。

一方、竹島には、ずっと長い間、人は住んできませんでした。岩でできた島で、水さえも十分になく、農業はおろか、持続的に生活することすら難しいからです。そういう点では、もともとどちらの国のものかということは、そう簡単には判別できない性格の島なのです。

しかし、日本も韓国（便宜的に現在の国名を使いますが、歴史的には変遷してきました）も、何らかの形で竹島とはかかわりをもってきました。問題は、それが実効支配とまでいえるようなものであったかどうかです。

そこで、まず、両国の言い分を検証してみましょう。二〇世紀に入ると、あとでのべるような別の次元での争いになるので、それ以前の時期についてです。

●一九世紀以前の日本側の文献では？

日本側についていうと、江戸時代から、現在の竹島の存在について認識していたことは事実です。ある程度までは、訪問もしていました。

そのきっかけとなったのは、鬱陵島における漁業です。朝鮮半島の近くに鬱陵島があることは、すでに紹介しました。この島はずっと韓国領だったのですが、韓国は、しばらくの間、この島を無人にする政策をとっていたのです。これ幸いと、一七世紀前半、現在の鳥取県の米子に住む人びとが、江戸幕府からの鳥取藩に対する渡航許可を受け、鬱陵島に渡航して、竹などの伐採、アシカ漁、アワビの採取などをおこなっていたのです。

竹島は、鬱陵島に行く途中にあったため、当初は船が航行するための目標となりました。後には漁場として利用されたこともありました。ただし、竹島に行くだけでは十分な収入が得られないので、主要な漁場はあくまで鬱陵島でした。竹島は、おまけのような存在だったのです。でも、実際に竹島にたどりつき、使用していたということは大事です。この時期、韓国側にはそこまでの記録はありませんから。

それらの記録は、当時の藩や、実際に渡航した大谷家の文書などに残されています。竹島の場所を正確に書いた最初の文書は、『穏州視聴合紀』(一六六七年)といわれています。藩主である池田家の文書(一七二四年)のなかには、竹島のきわめて正確な地図も残されています。竹島をただながめていただけでなく、実際に利用していたことが、これらの記録からわかります。

一方、元禄年間(一六八八年〜)に入ると、あとでのべるように、日本人が鬱陵島で朝鮮人と出会い、それをきっかけにして日本と韓国の間で交渉がおこなわれることになりました。その結果、日本は鬱陵島が韓国領であることを認め、渡航を禁止する措置をとります（一六九六年）。

その交渉の主題となったのは鬱陵島であり、竹島は対象外でした。しかし、竹島に行くだけでは、労多くしてもうけにならないわけですから、その時期以降、日本人が竹島に渡航することは、ほとんどなかったようです。利用価値が少ないのですから、当然といえば当然でしょう。

こうして竹島に対する日本の知識は曖昧になってきます。明治一〇年（一八七七年）、政府は、鬱陵島だけでなく竹島についても、「本邦《ほんぽう》とは無関係」と指示したこともあります（『太政類典』二編九六巻一九）。「本邦」とは、最近はあまり使わない言葉ですが、「わが国」という意味です。

つまり、日本は、実態的には、竹島を日本領だと主張できるだけの歴史的な根拠をもってはいたのです。しかし、明治政府は、その領有権を否定するようなことをしてしまったこともあるということです。

領土問題というのは、いまではすごく激しい論争のテーマになります。その場所が自国のものだと主張しないと、売国奴《ばいこくど》といわれたりします。でも、明治のはじめ頃までは、かなり無頓着だったのです。実益にならない土地は、あまり重視しなかったわけです。二〇世紀に入ると、そこに変化があらわれるのですが、それは次の節の課題です。

●同じく韓国側の文献では？

では、韓国側はどうか。竹島が韓国領だという根拠として、どんなものを提示しているのでしょうか。

韓国側の主張を見てわかることは、日本が江戸時代の文書を根拠にしているのと比べると、それよりかなり昔からの資料を使って韓国の領土であったとのべていることとす。一九五二年以降、日韓両国政府は竹島の領有権をめぐって往復書簡をやりとりするのですが、そのなかで韓国政府があげたのは、『世宗実録地理誌』（一四五四年）、『新増東国輿地勝覧』（一五三二年）などです。

その後の時代でも、いろんな論拠が示されます。代表的なのは安龍福《アンピンシャ》の記録です。先ほど、元禄年間に、日本人が鬱陵島で朝鮮人と出会ったことをきっかけに、鬱陵島への渡航を禁止したと紹介しました。その朝鮮人の名前が安龍福といいます。一六九三年に日本に連れてこられ、半年後に送還されましたが、一六九六年に隠岐島と伯耆《ほうき》の国（現在の島根県中部と東部）に再びあらわれました。その経緯が、韓国側の正史である『粛宗実録』に書かれているのです。安龍福は、鬱陵島と竹島は韓国のものだと主張し抜いたと書かれています。徳川幕府が鬱陵島への渡航を禁止したのは、そういう背景があったのです。

このように、韓国側の主張は、日本とくらべ、古い時期からのものです。具体性もあるように思われます。

ただ、まず古い記録についていうと、韓国側が示す書物に載っている当該の島が、本当に現在の竹島なのかということが十分には証明されていません。韓国は、現在、竹島を「独島」と呼んでいますが、古い記録ではそのような名前ではありません。「于山島」とか「三峰山」というのです。

土地の名前が変わることはよくあることですから、名称は違っても、古い記録に書かれている島が「独島」であることが証明されれば、それでいいのです。そこで韓国側は、記録には「晴れた日には鬱陵島から見える」と書かれているなどの記述をもちだし、それらで証明しようとするわけです。そして、たしかに「独島」は、晴れた日には見えるので、その必要条件を満たしています。しかし、それだけでは十分条件を満たしているとはいえません。なぜなら、晴れた日に見える島は「独島」だけではないからです。

もちろん、韓国側のいうように、独島が見えていたのは事実ですから、それをもって韓国領だという考え方も成り立ちます。日本からは逆立ちしても見えません。ただし、日本側は、一七世紀に入ると、ただ航海の途中で見ていただけではなく、実際に漁場として使用していました。一方、韓国側の竹島への渡航記録は、先ほどの安龍福が最初であり（一七世紀末の一六九六年）、日本のほうが先に竹島を使用しています。こういう事情を知れば、どっちに分があるのかを判定するのが困難なことは、誰でもわかるでしょう。

安龍福の記録は大事なものです。なんといっても、竹島（主要には鬱陵島ですが）が韓国領だということを主張するため、わざわざ日本までやってきたわけですから。そのことは、ただ韓国側だけではなく、日本側の記録にも残っています。

ただし、安龍福は民間人ですから、韓国政府による外交的な主張をするための使者というものではありませんでした。しかも、韓国側の記録の多くは、竹島を韓国のものだと主張するものですが、なかには、一部とはいえ、鬱陵島が日本のものだと認めたものさえ存在するそうです（礼曹回書、一六九三年、金学俊『独島／竹島　韓国の論理』より）。

●一九世紀以前の文献では決着がつかない

結局のところ、どう整理すればいいのでしょうか。これまで紹介した事実を整理すると、一九世紀までの真実は、以下のようなことなのかもしれません。

竹島を早くから知っていたのは、やはり韓国側でしょう。なんといっても韓国の領土から見えていたのですから。日本より何世紀も早かったと思われます。

一方、実際に利用したのは、日本側が早い。竹島自体は、すでにのべたように、当時、どちらにとっても大きな利益を生みだす島ではありませんでした。韓国側だって、目に見えているといっても、わざわざ一日かけて行くだけの価値は見いだせない。日本側にとっては、三日の船旅（しかも当時の造船技術では命がけの旅です）ですから、竹島にだけ行くなんて、あり得ないことです。価値の多い鬱陵島に行く途中にあるというだけの理由から、航海の目標にしたり、立ち寄ったりしたわけです。その結果、島の場所や形については、韓国側より早く知識がつくられたのです。

そして、徳川幕府の時代、鬱陵島が韓国領だということで決着すると、以上のような事情から、竹島だけに行くなどということはあり得ませんから、日本側の竹島への認識はどんどん曖昧になっていくのです。そして、日本側の認識は、航海の事情から生まれたものであって、鬱陵島と竹島をセットでとらえるものですから、いつの間にか竹島も韓国領だという認識が生まれてくるというわけです。

一方、韓国の側だって、日本から竹島への渡航がなくなったあと、竹島を自国の領土として積極的に支配したかというと、そんなことはありません。やはり無価値な島のままとして、利用しなかったのです。竹島に定住することは領土であることの条件ではないから構わないのですが、漁業を営むとか、探索するとか、いわゆる実効的に支配するようなことさえしてこなかったわけです。

現在、日韓両国政府とも、竹島は歴史的に自国の領土だと主張します。これまで見てきたように、お互いにそういえるだけの根拠が皆無というわけではないので、そう主張するでしょう。けれども、自信をもってそういえるかというと、それほどの根拠はないというのが、率直なところではないでしょうか。

二〇世紀前後になって、竹島問題は新たな局面を迎えることになります。その時代のことに入っていきましょう。ますます複雑になりますが……。

2　国際法が幅を利かす時代になって

●領土を確定する考え方としての「先占」の誕生

時は移って二〇世紀。この時期、以前とはかなり事情が変わっていることを、読者のみなさんには理解してもらわなければなりません。

いろいろな変化があります。たとえば、造船術とか航海技術とか、船にかかわる進歩もその一つです。江戸時代、日本から竹島まで三日かかるといいましたが、この時期になると、半日で行けるようになっていました。以前と違って、命をかけるようなこともなく、安全にです。

そういう変化が起きたときに、そこに誰も住んでいない島があったら、当然、魅力的です。半日で行けるなら、漁獲量が以前と同じであっても、漁業による利益は増えます。

しかも、時は帝国主義の時代です。このことが、領土問題にかかわって何が大事かというと、特定の領土を自国のものにしてしまうための考え方が確立したことです。その代表格が「**先占**《せんせん》」というものです。聞き慣れない言葉だと思います。しかし、みなさんが法律を勉強すれば、教科書にも書いてあるはずです。

日本の民法にも、第二三九条に以下のような記述があります。これが先占という考え方を法律であらわしたものです。

第二三九条（無主物の帰属）

1、所有者のない**動産**は、所有の意思をもって占有することによって、その所有権を取得する。

2、所有者のない**不動産**は、国庫に帰属する。

これはどちらも「所有者のない」物体についての規定です。それが「動産」であれば「所有の意思をもって占有」した人が、その持ち主になるということです。一方、それが「不動産」であれば、特定の人のものにではなく、国の所有物になるという規定です。

もう少しわかりやすく説明しましょう。2項にある不動産を見たほうが理解しやすいと思います。「不動産」とは、土地とか建物とか、動かない「不動」の財産のことです。2項がのべているのは、誰のものでもない土地（これを**「無主地」**ともいいます）がどこかにあったとすると、それを「自分のものにするぞ」という意思を明確にして、それを**「占有」**（事実上、支配すること）すれば、その土地は、その国家のものになるということです。あるいは、発見したのが特定の個人であっても、その個人が属する国家のものになるということです。

一方、それが動産であれば、国家のものにはならない。同じような意思をもち、占有した個人のものになるというわけです。それが1項です。

難しいことをいっているようですが、そんな複雑な話ではないのです。たとえば海や川にいる魚のことを考えてみましょう。魚は、水中にいるかぎり、誰のものでもありません。「所有者がない」状態です。しかし、釣り人がそれを釣ったら、魚に対する「所有の意思」を確認したことになります。そして、それを持ち帰るためにクーラーボックスに入れて「占有」すれば、その魚は釣った人のものになるということです。

他方、その釣り人が、魚を釣る過程で所有者がない島を発見し、家を建てたとしても、その島は釣り人のものにはならない。釣り人が属する国家のものになるというわけです。

●「先占」の寿命も短かった

以上の説明をされると、「先占」というのは、当たり前のことのように思えます。ところが、単純ではないのです。

不動産についていえば、現在の世界では、「先占」という考え方は通用していません。「先占」という考え方が生まれたのは一九世紀末のことですが、二〇世紀半ばには、ほぼ通用しなくなりました。

なぜか？　それは明白です。この「先占」という考え方は、いわゆる帝国主義列強が植民地を獲得するために生まれ、発展したものだからです。もう少し詳しく見てみましょう。

植民地は、もっと早くからありました。現代につながるものとしては、一五世紀頃から、スペインとかポルトガルが南米大陸を植民地にしていきます。イギリスがインドを植民地化するために東インド会社をつくったのは、一六〇〇年のことです。一八世紀半ばには、インドのほとんどは東インド会社が統治するようになりました。

その時期には、「先占」などいう考え方はいらなかったのです。スペインなどが領土を獲得する論理は、「先占」ではなく「発見」でした。植民地をもつ力のある国は少なかったので、争いもなく、「早い者勝ち」のルールで問題はありませんでした。

ところが一九世紀の終わりになると違ってきます。多くの列強が次から次へと植民地獲得合戦に参加してくるからです。土地にはかぎりがありますから、その土地をどの国のものにするかというルールがないと、戦争になってしまいます。そこで「先占」のルールが生まれたのです。「この土地は自分のものだ」と最初に宣言し、最初に占有した国のものにしようというわけです。といっても、ドイツなど後発の帝国主義国が力をつけてくると、ルールなどあってなきがごとき状態になり、結局、第一次世界大戦になってしまうわけですが……。

でも、よく考えてみると（考えなくても?）、身勝手なルールです。たとえばアフリカのことを想像してみてください。欧米列強が対象にした「所有者のない」土地のなかには、誰も住んでいない土地だってあったかもしれません。でも、大半は、アフリカの先住民が住んでいたわけです。それなのに、所有者がいないと勝手にみなして、奪っていったというわけです。

「先占」のルールでいうと、土地の所有者は国家でなければなりませんでした。そして、欧米の目で見ると、アフリカには国家がなかった。部族社会などアフリカの人びとにとってみれば所有者と呼べるものはあったけれども、西欧流の国家ではなかった。だから、そのルールにもとづき、堂々と国家が所有していったのです。

しかし、第二次世界大戦後、植民地体制が次々と崩壊していくとともに、「先占」のルールも崩壊していきます。植民地の人びとは自決権を行使して独立し、自分たちの土地を自分たちの国のものにしていきました。「先占」の国際法で奪われた土地を、新しい国際法にもとづく所有に置き換えていきました。つまり、人民の**自決権**という考え方が、土地の所有者を決める新しいルールになっていったのです。

●日本の「先占」による竹島獲得の経緯

さて、長々と「先占」について説明してきました。「竹島問題はどうした！」というお叱りの声が聞こえてきそうです。

しかし、これこそ、竹島問題の真実に迫るカギなのです。この「先占」のルールに従って竹島を日本の領土にしたのだというのが、日本政府の主張だからです。詳しくは次のような経緯をたどります。

まず一九〇四年です。この年、島根県隠岐島のある島民（中井さんという人です）が、日本政府に対して、竹島を占有し、占有したらその島を自分に貸してほしいと願います。

政府はそれにこたえて、翌年一月、竹島を隠岐島の所管とすることを閣議決定しました。翌二月、島根県知事は、竹島が隠岐島の所管となったことを告示します。これらが、「先占」のルールでいう「所有の意思」の表明ということになるでしょうか。

その後、隠岐島の島民は、竹島でアシカ猟に励みます。一九四一年まで続いたとされています。三十数年続いたわけです。定住したわけではありませんが、アシカ猟の最盛期には月に何日か、竹島で寝起きしたそうです。これが、同じく「先占」のルールによると、「占有」ということになるでしょうか。これでは「占有」にはほど遠いと感じる方もいるでしょうが、少なくとも現在の沖ノ鳥島に対する日本の占有と比べれば、はるかに占有度が高いといえるでしょう。

ただし、この経過をつぶさに見ると、当初、隠岐島の島民も日本政府も、竹島は無主地ではなく韓国領だと思っていたようです。前の節でのべたことですが、隠岐島の人びとにとって、竹島は鬱陵島に行く中継地としてしか意味がありませんでしたから、鬱陵島に行けなくなると竹島への関心も同時に薄れてきます。鬱陵島が韓国領だという現実の前では、竹島という単独の島について、どちらの国のものかを争うだけの価値を見いだせなかったのです。

でも、ここからは想像ですが、航海にかかわる技術が進んだ時点の目で竹島の実態をよく見ると、韓国の人は誰も住んでいないし、漁業をしているわけでもない。明治政府が必死になって勉強した欧米の実例によれば、人が住んでいても「先占」の論理で所有できるわけですから、住んでいない島なら何も問題ないだろう――。活字で記録が残っているわけではありませんが、そんな思考過程をたどって、編入措置をとったのではないでしょうか。

しかも、一九〇四年から〇五年にかけては、日露戦争の年です。日本海でバルチック艦隊と争ううえでは、一つでも自由になる島がほしかった。ロシアの軍艦を遠くから見つけるための施設を建設する必要もある。それなら、韓国全土を日本領にするというわけではないし、多少の無理はあっても決断しよう。――そういうことだったのかもしれません。

ただ、そういう思惑があったとしても、竹島が完全に無主地であったのなら、大きな問題はないのです。しかし、二〇世紀になったその時点で、竹島が無主地だったかどうか議論の余地があるところに、現在まで続く紛争の原因があるのです。

●韓国側による日本の「先占」に対する反論1

「先占」は有効であるという日本の主張に対して、韓国政府は、前に紹介した一九五〇年代の往復書簡のなかで、猛烈な反論をくわえてきます。日本側も再反論します。韓国側は、その後も、日本側の主張への新たな批判材料を発掘しています。それをいくつかに整理するとともに、どう考えればいいのかを検討してみましょう。

一つ。「先占」とは、所有者のない土地についてだけ適用されるが、竹島は以前から韓国領であったので、無効であるとするものです。

これは、第一節で書いたことをどうとらえるかで、結論が違ってきます。私としては、一九世紀以前の段階では、竹島は、日本であれ韓国であれ、いずれかの国の領土だといえるほどの実効支配はなかったと考えます。「見えていた」とか、航海の目印にしたとか、何回か訪問した実績があるとか、その程度では領土だとまではいえないと思うのです。なぜなら、二つの国の両方から見えるとか、いくつかの国が航海の目印にするとか、そういう島は世界中に無数にあるからです。その程度のことで自国の領土だということになるなら、一つの島をめぐって複数の国が領有権を主張でき、争いが絶えないことになります。ですから、他の国にはできなくて、自分の国だけは支配してきたと思わせるものがないと、領土としての資格に欠けるのです。

もし、竹島が無主地だとみなせるのなら、一九〇四年に「所有の意思」を表明した日本の「先占」は有効だということになります。がぜん、日本側が有利です。

それに対して、韓国側は、二の矢を放ちます。先占の手続きに欠陥があるというのです。

先占のルールでは、所有の「意思」の表明が必要です。ところが、竹島編入の決定は、島根県の告示としては世にでましたが、閣議決定は官報に掲載されませんでした。そんなことでは、韓国側は、日本が竹島を編入したことを知りようがありません。日本政府は、韓国側から抗議がなかったことをもって、何ら問題なく占有したという立場です。でも、韓国側にしてみれば、知らされていないから抗議もできないということなのです。

日本側は、それでも問題はないといいます。それ以外にも、自治体の告示で編入を実施してきた実績があるし（南鳥島）、編入を海外に告知する必要がないことについても、過去に先例があるというわけです（一九二八年のパルマス島事件や一九三一年のクリッパートン島事件に関する仲裁裁判の判決）。

ただ、そうはいっても、日本側だって、知識が途絶えていたからだとはいえ、直前まで韓国領だと思っていた島のことです。韓国側に知らせなかったのは、知らせれば問題が起きるだろうという懸念をもっていたからではないかと考えるのが自然でしょう。

実際、この翌年ですが、島根県の役人が竹島を訪問・調査し、その帰途、偶然に鬱陵島に立ち寄ります。そこで竹島を日本の領土に編入したという事実を知らされた鬱陵島の役人は、びっくりしてそのことを韓国政府に報告します。韓国政府は、日本の領有を根拠のないこととみなし、もっと調査するよう指示しました。

その結果がどうなったかについてまではわかっていません。ただ、いままでに発掘された資料では、日本に対して抗議はしていないようです。知っていれば抗議したというのが韓国側の態度だったと紹介しましたが、知っていたのに抗議していないようなのです。しかし、このことについては抗議しようにもできなかった事情について、韓国側にはさらに言い分があるので、あとでまとめて論じましょう。

●韓国側による日本の「先占」に対する反論2

もう一つ、韓国側の大事な反論があります。明治政府による編入の五年も前の一九〇〇年、韓国は、竹島を韓国領だと宣言していたというのです。

その当時、韓国の国名は、大韓帝国といいました。帝国ですから、当然のごとく皇帝がいたのですが、その皇帝の勅令がだされているのです。勅令四一号といって、鬱陵島と竹島、石島を同じ行政区域にするという内容なのです。

韓国側の説明によれば、ここでいう竹島とは、鬱陵島のそばにある竹嶼島のことで、石島というのが竹島のことだということです。日本よりも早いし、しかも日本のように一つの県の告示などではなく、最高権力者である皇帝の指令だというのですから、日本側も「まいった」という感じでしょうか。

でも、日本側の口もすたれません。これまでは于山島だと言っていたのに、突然、「石島」というはじめてでてくる名前をもちだしても信用できないと、猛烈な反論です。

この点は韓国側に分があるように思います。前の節で、「見える」というだけでは必要条件は満たしても、十分条件にはならないといいました。けれども、この海域において、石の島は竹島しかないのですから、必要十分です。勅令で「石島」を領土だと明記していることは大きな意味をもちます。

ということは、竹島は、一九〇〇年の時点で、韓国の領土になっていた。韓国側が「先占」の論理で獲得した。そうであれば、日本が「先占」を開始しようとした時点で、竹島は無主地ではなかったのですから、日本の行為は効果がないことになります。

ただ、韓国側の最大の問題点は、相も変わらず実効支配がないことです。自分のものだと宣言しながら、実際にそれを活用しようとしない。宣言したということで、要件の半分は満たしていたのは事実ですが、宣言するだけでは領土にはならないことは指摘したとおりです（「先占」のところを思いだしてください）。

これについても、韓国側の反論はあります。支配しようにもできなかった事情があるというのです。先ほどの、抗議しようにもできなかった事情があるというのと、同じです。そして、そこにこそ、この問題の最大の難しさがあると思います。

●最大の反論としての植民地支配問題

結局、韓国側の最大の反論は、日本による植民地化とからめたものです。ご存じのように、日本は、一九一〇年、日韓併合条約によって、韓国を植民地にしてしまいます。そして、第二次世界大戦における日本の敗戦にともなって、併合した韓国の領土を返還することになりました。竹島というのは、日本による植民地化の最初の試みであって、韓国が植民地でなくなった以上、返還するのが当然だ——。これが韓国側の論理です。

この問題を論じる前に、まず事実関係を確かめておきましょう。この時期のことを整理して年表にあらわすと、以下のようになります。

- 一九〇〇年　大韓帝国が竹島の領有を明確にする皇帝の勅令をだす（一〇月）。
- 一九〇四年　日露戦争の開戦（二月）
  日本による韓国への忠告権などを内容とする日韓議定書を締結（二月）
  日本が推薦する財政、外交顧問を韓国が任命する第一次日韓協約を締結（八月）
  韓国皇帝が日本の支配を不服とする密使をロシア、欧米に送る（三月〜一〇月）

・一九〇五年　島根県の島民が竹島の領土編入を政府に申し出て受理される（九月）
　竹島領有についての日本政府の閣議決定（一月）
　日露戦争の終結・日本の勝利（九月）
　日本が韓国の外交権を完全に掌握する第二次日韓協約を締結（一一月）
・一九〇六年　島根県の役人が鬱陵島を訪問し、竹島領有を告げる（三月）
・一九〇七年　韓国皇帝が日韓協約の無効を訴える密使を国際会議（於ハーグ）に送る（六月）
　日本が韓国の内政権も掌握する第三次日韓協約を締結（七月）
・一九一〇年　日本の韓国植民地化を完成させる「韓国併合に関する条約」を締結（八月）

日露戦争については、いろいろな評価があるでしょうが、朝鮮半島の支配権をめぐって、日本とロシアが争ったものです。韓国は、強まる日本の支配を抑えるため、欧米に頼ろうとするのですが、なかなか賛同が得られない。列強はどの国も植民地支配をしていた時代ですから、韓国をめぐって日本と争うつもりがあれば干渉したかもしれませんが（中国にはどの国も色気があったので、一八九五年、日本の支配が拡大することに干渉しました。フランス、ドイツ、ロシアによるいわゆる三国干渉です）、その気がないので日本のしたいままにさせていました。意欲をもっていた唯一のロシアは戦争に敗れたので、日本は韓国の植民地化に邁進《まいしん》するわけです。

そして、年表を見ればわかるように、その過程と、竹島を領有する過程は、時期的に並行しています。先ほど、韓国側は、日本の竹島編入に抗議できなかったとか、竹島を実効支配できなかったといっていることを紹介しましたが、外交権まで奪われているわけですから、とてもそんなことはできないという論理です。

●韓国側の反論にも問題点がある

ただ、当時の韓国が抗議できなかったかといえば、そう単純ではありません。たとえば、韓国皇帝がハーグに密使を送ったことが、年表に書かれています。これは、一連の日韓協約が不法だということを、各国に訴えるためのものでした。しかし、その経過のなかで、韓国代表は、竹島編入の不法性についてはまったく言及していません。もちろん、韓国そのものが植民地化されるという事態のもとでは、竹島一つというのは小さい問題だったからかもしれませんけれども。

もう一つ考えなければならないのは、時期的には並行しているとしても、植民地化という問題と竹島問題は、相対的に区別していいのかどうかということです。結局、同じ問題にもどってしまうのですが、もし竹島が無主地であったのなら、それを領有することは、他国の領土を植民地化することとは違う行為になります。

くり返しになりますが、私は、二〇世紀直前まで、竹島は無主地とまではいえなかったけれども、かといって、どこかの国の領土といえるほどでもなかったと思います。複雑なのです。だから、日本の竹島支配が、植民地化のための最初の行為だとまで断定することはできません。

しかし、植民地化とまったく関係ないかというと、そこまではいえない。たとえば、朝鮮半島では、どんどん日本の支配が強まっていくわけですから、一九〇〇年の皇帝勅令にもとづき、韓国が竹島への実効支配を強めるなどということは、夢物語だったでしょう。それなのに、韓国による実効支配がなかったから日本の行為は正当だといっても、万人を納得させることは困難だと感じます。

しかも、大事なことは、実際の経過はどうあれ（形式的には無主地を奪ったといえなくもないのであれ）、韓国の人びとにとっての竹島というのは、忌まわしい日本による植民地化が始まる象徴のような存在だということです。くわえて、植民地化という同じ言葉を使っていますが、日本による韓国の植民地化とは、欧米諸国によるものとはかなり違うのではないかと、私は思っています。このことは、問題の解決方法にもかかわることなので、本章の最後で取りあげることにします。

3 サンフランシスコ条約による決着

●条約による領土の決着という手段

さあ、以上のように、竹島問題というのは、時代が近くなればなるほど、難しい要素が増えてきます。この問題を解決する最後の機会が、第二次世界大戦後、訪れます。それが、日本が起こした戦争の戦後処理をするための会議、サンフランシスコ平和会議でした。若い人は、サンフランシスコ会議といっても、何のことかわからないかもしれません。もう六〇年以上前のことですから、年配の方だって、あまり覚えていないかもしれません。少し解説しておきます。

戦争が終わったら、必ず何らかの種類の平和（講和）会議が開かれます。何かの争いがあって戦争になるわけですから、その争った問題について決着をつけて、紛争の種をなくしてしまうのです。その代表的な紛争の種が、やはり領土問題です。

領土を確定する基準として、「発見」だとか、「先占」だとか、「自決権」だとか、いろいろ紹介してきました。でも、もし条約で領土が決まれば、それで決着するのです。もちろん、武力で押しつけるようなものではなく、国家が対等な関係で結んだ場合にかぎってです。

サンフランシスコ会議は、一九五一年に開かれました。戦争が終わったのが一九四五年ですから、六年もたってからです。二〇世紀になって、日本は、どんどん領土を拡大しました。朝鮮半島とか台湾とか、太平洋上の島々とかです。日本が戦争に敗れたあと、そうして奪った領土をどうするのか、会議で明確にしなければならなかったわけです。

このサンフランシスコ会議の全体については、北方領土問題に言及するときに、あらためて論じます。ここでは、問題をややこしくしないため、竹島問題にだけしぼっておきましょう。竹島問題は、この会議と、それに至る過程で、どうあつかわれたのか。

●日本を占領した連合国の態度は？

第二次世界大戦は、日本が、戦争の相手国（連合国）が発した**ポツダム宣言**（一九四五年七月）を受諾することによって、ようやく終わります。ポツダム宣言には日本の領土をどうするのかということが、以下のように書かれていました（第八条）。

『カイロ』宣言の条項は履行せらるべく又日本国の主権は本州、北海道、九州及四国並に吾等《われら》の決定する諸小島に局限せらるべし」

島については、「諸小島」だけに「極限」されるということです。きびしい言葉づかいです。ただ、これだけでは、竹島が含まれるかどうかわかりません。

カイロ宣言（四三年一一月）という言葉も見えます。この宣言で返還すべき対象になっているのは、第一次世界大戦以降に占領した太平洋の全島です。竹島の領有を決めたのは第一次世界大戦前ですから、ここには入っていません。ただ、それ以外に「日本の強欲と暴力により獲得された全領土」も対象だと、さらにきびしい言葉もありましたから、定義次第では対象になる可能性がありました。

ところで、前述したように、戦争が終わってからサンフランシスコ会議まで、六年あります。その間、日本が占領した領土がどこの国のものか決まるまで、いろいろな島を放置しておくわけにはいきません。誰が行政を担うのかを明確にしなければ、住民に迷惑がかかります。

そういう仕事は、連合国を代表して日本を占領していた最高司令部＝GHQがやっていました。GHQは、一九四六年一月末、日本政府の行政権を停止する地域を決めるのですが、そのなかに竹島を含めました。続いて六月、日本漁船が竹島周辺で漁業をすることも禁止しました。そして、一九四八年六月に独立した韓国は、アメリカから竹島の統治権を引き継ぐことになります。それに対して、日本政府は抗議しませんでした。その事実をもって、日本が竹島の放棄を認めたに等しいという人もいますが、かつての日本による竹島編入にも韓国から抗議がなかったという過去の事情もありますから、このあたりは痛み分けというところでしょうか。

●サンフランシスコ条約の起草過程

一方、平和会議に向けて、領土をどう決着させるのかという準備は、並行してすすんでいきます。会議で採択する条約（**サンフランシスコ条約**）の草案をつくる作業です。当初は、いまのべた行政権を、そのまま反映していたようです。アメリカ国務省がつくっていた第一次草案（一九四七年三月）から第五次草案（一九四九年一一月）までは、日本は竹島を放棄すると明記されていたのです。

しかし、第六次草案（一九四九年一二月）になって、大きな変化があります。竹島は日本の領土であると明記されることになるのです。ここには日本政府の努力がありました。アメリカを必死で説得したのです。

あわてたのは韓国側です。もとの草案にもどそうと必死にがんばります。直後、一度だけ、竹島を韓国領だと認めた草案にもどることもありましたが、その後も一〇以上つくられた草案は、竹島を日本領だとするものか、あるいはどちらのものか明記しないものばかりでした。そして、最終草案（一九五一年三月）は、以下のようなものになります。

「日本国は、朝鮮の独立を承認して、済州島、巨文島及び鬱陵島を含む朝鮮に対するすべての権利、権限及び利益を放棄する」

やはり、竹島を韓国領だとは明記しませんでした。日本領だとも書かなかった。韓国にしてみれば、これでは納得できないでしょう。そこで、韓国はアメリカに対し、この条項の修正を要請しました。次のような文面を提示したのです（五一年七月）。

「朝鮮並びに済州島、巨文島、鬱陵島、独島、及び波浪島を含む日本による朝鮮の併合前に朝鮮の一部であった島々に対するすべての権利、権限及び請求権を、一九四五年八月九日に放棄したことを確認する」

「独島」が竹島を意味していることは紹介したとおりです。この条文をもって、韓国政府は、サンフランシスコ条約の起草作業に責任をもっていたアメリカのダレスを訪れます。その場でダレスは、竹島は韓国併合前から韓国のものだったのかと問い、韓国側がそうだと答え、そうであるなら条約に竹島を明記するのは問題ないとのべたとされます。

ところが、最終的にアメリカは、韓国に対して、修正に賛同できないという回答をおこなうのです（一九五一年八月）。竹島が韓国の領土としてあつかわれたことは一度もなく、一九〇五年から島根県の管轄下にあったというのが、その理由でした。

●条約の調印と李承晩ラインの設定

こうして翌九月、現行のサンフランシスコ条約が調印されるのです。最終的な条約は、最終草案の通りで、竹島の帰属を明記しないものとなっています。

「日本国は、朝鮮の独立を承認して、済州島、巨文島及び鬱陵島を含む朝鮮に対するすべての権利、権限及び利益を放棄する」

竹島の帰属は決まらなかったという解釈も可能です。ただ、最後の段階で、韓国側の要請を否定した形で決着をつけた経過を見れば、日本領としてあつかわれたと見ることのほうが、理にかなっているように思えます。韓国側の説得は功を奏しなかったわけです。

ただ、韓国側の事情にも目を配る必要があります。韓国は、ずっと日本の植民地だったので、ようやく独立したといっても、自前で行政機構をつくるのはたいへんでした。しかも、サンフランシスコ条約の議論と並行して、朝鮮戦争が開始されます（一九五一年六月〜）。

一九五一年当時、韓国外務省は、総勢で二〇人程度だったという説もあります。竹島をめぐって条約改正のためにダレスと交渉した韓国代表は、当時、アメリカ在住の医師で、英語ができるというだけで選ばれたということです。竹島の場所について問われても正確に答えられなかったそうですが、それは仕方ありません。

アメリカが竹島を日本領だと判断したのも、ただただ竹島問題を歴史的に分析した結果だとは言い切れません。その背景には、日本をアメリカ陣営にとどめておかねばならないという、政治的な判断があったはずです。だから日本の言い分を優先したのです。

さらに、韓国は、自国の領土を決めるはずのサンフランシスコ会議に参加できませんでした。希望したけれどアメリカなどが拒否したのです。なぜかというと、こういう平和条約の締結会議に参加できるのは、日本と戦争していた国だけだという「正論」があるからです。韓国は、日本と戦争していたのではなく、植民地として日本の一部だったから、会議に参加する資格がないというわけなのです。

韓国側はどうしたか。サンフランシスコ条約が結ばれた直後、いわゆる**李承晩ライン**を設定します（一九五二年一月）。竹島を含む海域に韓国の主権を宣言し、軍事力で竹島を支配したのです。それ以来、竹島は、韓国が実効支配する状況が続いています。現在もです。

さあ、竹島をめぐる過去の経緯は、すべて紹介しました。読者のみなさんは、それを見て、どう判断しますか。竹島は、日韓どちらのものなのでしょうか。この問題は、どうしたら解決に向かうのでしょうか。

4　竹島問題をどう解決するのか

結論部分を書くにあたって、私は憂鬱です。正直な気持ちをいえば、竹島が日韓どちらのものかという問いに、あまり答えたくありません。あまりにも複雑で、「どっちのものだ」と断定すると、必ず間違えそうです。

正確さを求められれば、「五分五分」とか「六分四分」とかしか、いいようがありません。でも、「それでもどちらのものかいわなければならない。さあ、○か×か、どちらだ」と問い詰められれば、「日本のものだと答えたい」という程度でしょうか。なぜかといえば、最終的に竹島の帰属を決めるサンフランシスコ条約では、韓国側の要望を否定する形で決着がついたのですから。

しかし、「じゃあ、韓国のものではないと断言できるよな」と怖い顔で迫られれば、そこまではいえない。「いや、そこまでは……」と、優柔不断なところを見せてしまうかもしれません。難しいのです。柔道でいえば、「一本」どころか「技あり」でもなく、せいぜい「優勢勝ち」で、しかも審判の判断も二対一に分かれるというところでしょう。

●植民地支配の問題が核心である

結局、この問題の大事なところは、「どちらのものだ」と断言したところで、問題が解決するわけではないということです。日本国民の多数が「日本のものだ」という認識をもったとしても、それで韓国が、じゃあ竹島周辺を共同で管理しましょうと譲歩してくれるわけではありません。ましてや返還してくれるわけではない。

一九世紀までなら、ナショナリズムをあおって、軍事力で奪い返すんだという世論をつくりだし、実行するというやり方も通用しました。でも、現在は、そういうやり方は許されなくなり、実際にそんなことをすれば、それこそ日本は孤立し、かえって多くのものを失うことになるでしょう。

じゃあ、どうするのか。本気で問題を解決しようとすれば、韓国の人びとの心をつかむやり方しかありません。韓国の人々が「日本のいうことは、やけに心に染みいるな、道理があるな」と思うように問題を提起し、行動することではないでしょうか。

その核心は、やはり植民地支配の問題です。竹島問題とは相対的に区別されるべき問題だとしても、韓国側が一体のものとしてとらえているわけですから、まず植民地支配の問題にどう向き合うのかということへの回答がない限り、区別できるかどうかの判断もしてもらえないわけです。

竹島は日本のものだと叫ぶ人々のなかには、植民地支配などなかったという人もいます。日本は韓国のために多大な予算をつぎこみ、人びとの暮らしを向上させたのであって、感謝されこそすれ、批判されるいわれはないと。なんだか、いま中国政府がチベット問題で主張しているのと、あまり変わりありません。

それはともかく、その主張のなかに多少の真実があったとしても、韓国の人びとの心を閉ざすやり方は、竹島問題の解決を遠ざけるだけです。真剣に竹島問題の解決を望んでいるのなら、そんなやり方は肯定できません。竹島問題よりも日本の過去の栄光（？）を守ることが大事だというなら、「どうぞご勝手に」と思いますが……。

●世界にとって植民地支配は過去の問題ではない

ということで、竹島問題の解決を望む人たちのために、話を続けていきましょう。植民地支配の問題です。

よく、「植民地支配をした国で謝罪を求められているのは日本だけ」といわれます。これは、かなりの程度はあたってはいますが、最近は少し事情が違ってきているのも事実です。

たとえば、二〇〇一年、南アフリカのダーバンという都市で、「反人種主義・差別撤廃世界会議」が開かれました。これは国連総会の決議によって開催が決まったもので、約一五〇カ国から政府、NGOが参加しました。

この会議では、各国政府による宣言と、NGOによる宣言の双方が採択されています。NGOの宣言では、植民地主義が人道に対する罪であること、犠牲者に賠償をおこなうことがふれられています。各国の市民運動のレベルでは、日本の植民地支配だけではなく、欧米の植民地支配についても罪であり、賠償すべきだと確認されているのです。

これだけでも、かつてとは様変わりしています。しかし、これは市民運動の話であって、各国の政府は態度が違うのではないか、なんといっても植民地支配をした側なのだから、批判は受け付けないだろうと思われるかもしれません。でも、違うのです。政府による宣言を見ても、植民地主義などがもたらした犠牲について、「それらが非難されなければならない」ことが確認されています。さらに、「進んで謝罪してきた国家や、適切な場合には、補償を支払った国家があることに留意する」ということも盛り込まれているのです。

おそらく、時代がすすむにつれて、このような動きは加速すると思われます。二〇世紀を前後して、たしかに植民地支配が合法だった時代はありました。けれども、それが合法だというのは、植民地支配をしていた側の論理であって、支配された側はそんな法律はあずかり知らぬことです。当時は合法だったから罪ではない、謝罪する必要はないといっても、だんだん通用しなくなっていくのです。

●日本の植民地支配の特殊性1

同時に、私たちが考えなければならないのは、日本による韓国の植民地支配というのは、このように世界的に植民地支配が問題になる前から、ずっと問題になり続けてきたということです。なぜそうだったのか、そこを考え抜かなければ、韓国の人びとの心を開かせることはできないと思います。

欧米による植民地獲得と日本による植民地獲得。誰がやっても同じことのように思います。でも、少し考えただけで、違うところも浮かび上がってきます。

たとえば、欧米は、アフリカやアジアを植民地にするにあたって、韓国併合条約のような条約はあまり結びませんでした。思いだしてください。植民地支配のルールである「先占」のことです。相手側には土地の所有者がいないことになっていました。インドにおけるムガル帝国のように、実際には国が存在するケースもあったのに、そういう場合や、さらにアフリカにあった部族社会なども、土地を所有する能力のある国家とはみなさなかった。欧米諸国は、アフリカやアジアを、条約を結ぶ能力も資格もない相手だとみなしていたのです。

ということは何を意味しているでしょうか。逆に考えればいいのです。当時の植民地支配のルールでも、条約を結ぶような相手は、植民地支配の対象ではなかった。そんな国を植民地支配してはならないということになっていたのです。韓国併合とは、まさにその「してはならない」ものでした。

もちろん、力が幅を利かせる時代ですから、ルールに反する国もあったことでしょう。でも、それは力で押し切ったとしても、ルール違反であり、無法行為であることに変わりありません。

欧米によるものでも、例外的に条約を結んだ場合もあります。イギリスによるエジプトの植民地化の過程では、条約で軍隊の駐留を認めさせ、外交権を奪っています。中国に租借地をつくっていったのも、一応は、列強と中国との間の条約にもとづいていました。

その植民地下でのエジプトも、形式的には独立国であって、国際連盟に加盟もしていました。中国も同じです。条約によって植民地にするといっても、日本がやったように、相手国の形式的な主権まで奪うなどというのは珍しいことでした。ところが、韓国は、日本の一部とされてしまい、国際連盟への加盟など問題外でした。

●日本の植民地支配の特殊性2

欧米の植民地支配と日本の韓国支配のいちばんの違いは、以上のこととは別にあります。それは何千年も隣にあった国を支配したかどうかの違いです。

欧米諸国には、アジア、アフリカに対する人種的な差別意識がありました。軍事力、経済力でも圧倒的に違っていました。無主地かどうかという議論も、裏を返せば、差別意識そのものです。差別の対象であるアジア、アフリカとの間で条約を結ぶべきだなどとは、つゆほども思わなかったことでしょう。逆に、アジア、アフリカなどの人びとにとっては、植民地支配というのは、見ず知らずの白人がやってきて、見たことのない強大な武器で追い立てられ、自分たちにはかなわない相手に支配されたことです（その不法性が、ダーバン会議で見たように、いまようやく問題になっているわけです）。

一方、日本と韓国は、そういう関係ではありません。韓国の人にとって日本とは、ずっと隣国であって、喧嘩もしたけれども共存してきた相手なのです。一千年以上つきあってきた知り合いが、突然、支配者としてやってきたのです。その驚き、屈辱は、並大抵のものではなかっただろうと思います。

日本政府は、韓国に対する植民地支配について、当時は合法だったとか、ヨーロッパも同じことをやったと、口癖のようにいいます。ヨーロッパが反省していないのに、なぜ日本だけが反省を迫られるのかわからないと、本当に困惑している様子です。

けれども、いまのべてきたように、日本の韓国支配というのは、遠いヨーロッパからやってきて見ず知らずのアジアの人びとを支配したというのとは、まったく違うのです。そこを自覚できないから、根本的、本質的な総括ができず、いつまでたってもまともな関係が築けないのです。

日本は、当時のルールで判断するにしても、やはり無法だといわざるをえない国を植民地にしたのです。韓国併合条約が当時から無法だったかどうかについて、何十年にもわたる論争があります。ご存じの方も多いと思いますが、戦後の一九六五年、日本と韓国が国家間関係を正常化する日韓条約を結んだとき、かつての韓国併合条約について、「もはや無効」だと規定しました。これは、あの条約は無法だったという韓国側の主張を退け、いまは無効になったが当時は合法だったとする日本政府の主張を前提にしたものです。

条約といっても、日米安保条約のように廃棄条項がある暫定的なものもあれば、将来にわたって堅持しようという基本的な条約もあります。私は、日韓条約をふくむ後者のような条約について、この部分はおかしいから部分的にでも廃棄しろという立場には立ちません。国家間の基本となる条約ですし、韓国政府もそれを認めたわけですから、軽々しくあつかうのはおかしいと思います。当時の認識がその程度のものであったことを後世に伝える意味はあるでしょう。

ただ、韓国に対する植民地支配の無法性については、以上のような理由から、日本政府は明白な立場をとるべきだと考えます。そのうえで、竹島というのは、当時の韓国が実効支配しておらず、植民地支配とは相対的に区別されるものであることを、諄々《じゅんじゅん》と説得していくべきだと思います。

●国民の利益になる解決方法1

ただし、そうはいっても、日本政府がそのような態度をとることは、過去のしがらみもあり、そう簡単ではないと思います。では、竹島問題というのは、植民地支配の問題が精算されるまで、何も解決しないのでしょうか。そうであってはならないと考えます。

竹島問題を解決するといっても、いろいろなレベルがあります。竹島が日韓どちらのものかについて政府間の決着がつくというのは、その最終段階です。私が大事だと思うのは、それ以前の段階でも、日本の国民の実益にとっては、いったい何が必要なのかを判断することです。

ここ数年でいうと、竹島問題が騒がれたのは、二〇〇五年です。この年、島根県議会が決議をあげたのです。一九九八年に日韓漁業協定が結ばれ、日本の漁民も竹島周辺で漁業をしていいことになっているのに、それが保証されずに漁民が困惑していたことが、この決議の背景にあります。竹島は、人も住めません。海底資源もありません（いまのところ）。何が大事かというと、要するに漁業なのです。

ところが、それを何とかしてほしいという漁民の陳情を受けた島根県議会は、漁業問題それ自体には手を付けませんでした。そうではなく、韓国が竹島を領有していることが原因だとして、領有権の問題にしてしまったのです。

領有権を脇に置いて漁業協定をつくったのに、領有権が問題だといわれたのですから、韓国が反発したのはいうまでもありません。そのまま事態がこじれ、現在に至っています。

じつは、一九九八年の漁業協定というのは、とても大事な協定なのです。この協定は、竹島の領有権の問題は脇に置いています。そして、隠岐と鬱陵島との中間線を引き（竹島はないものとして）、周辺海域を両国が漁業できることにしました。竹島を軍事占領し、実効支配している韓国にとって見れば、最大限の譲歩だったといえるでしょう。

●国民の利益になる解決方法2

その背景にあったのは、過去の軍事政権への批判的な見方です。それまで、韓国は、軍事政権である李承晩が引いたライン（竹島を囲い込んだ）に固執していました。けれども、韓国では、民主化がすすむにつれて、過去の軍事政権による所業への批判も進展します。日本が軍事力にものをいわせて竹島を占有したことと批判してきたのに、その日本と同じような手段で竹島を実効支配したのですから、韓国側にだって反省すべきことはあるのです。そういうなかで、金大中大統領は、この日韓漁業協定の考え方に賛成しました。現実味のある解決策だったと思います。

ところが、その後の日本は、韓国や中国を批判して人気を得ようとする小泉首相の時代になります。日本の世論も、とにかくイケイケになってしまう。竹島問題でも、「日本が正しい」の一点張り。相手の考え方に耳を傾けるという姿勢はなくなってしまいました。

韓国側も反発し、竹島周辺での海軍の活動を強めることになります。だから日本の漁船は不安を感じる。操業が難しくなる。そうして、島根県に働きかけたら、漁業問題として対策をとるのでなく、小泉さんに呼応して、ここぞとばかり領有権の話にしてしまう。

漁民は、自分たちが安心して操業したいのです。ところが、小泉さんも、島根県議会も、漁民の願いにこたえることはなく、韓国バッシングで溜飲を下げるということになってしまった。

これはもう政治とはいえません。原理原則をふりまわして、国民の利益をおざなりにするものです。この時期に失ったものは大きい。回復に何年かかるのかわかりません。

しかし、回復させるしか、漁民の利益を確保する手段はないのです。領有権問題で日本の主張をするなというのではありません。道理をつくして主張すればいいのです。

でも、いちばん重要なことは漁民の利益にあるのだということを、外交交渉の当事者は頭に置いておく必要があります。領有権を主張するにしても、落としどころは漁民の利益にあることを忘れず、これまでの主張でいいのかどうか、どういう態度をとるべきかを考え、行動するべきではないでしょうか。

第二章
東シナ海ガス田問題

東シナ海ガス田

さて、次は、東シナ海のガス田問題です。中国との間の問題です。これについては、あとでものべますが、二〇〇八年六月、共同開発することで日中両国政府が合意しました。でも、その合意がなかなか具体化されず、合意を無視して開発がすすんでいると報道されたり、それを中国側が否定したりするなど、前に動かない状況が続いています。

ただし、この問題で合意ができたことは、とても大事です。なぜかといえば、いま中国を見つめる日本人の目の多くが、「話のわからない国だ」、「軍事力で問題を解決しようとしている国だ」というものだからです。その中国との間で、しかも一時は決裂するかと思われたのに、とにもかくにも合意をつくることができたのです。

もし、この合意が具体化され、解決していくなら、次の章で取りあげる尖閣問題も含め、中国とのいろいろな問題も解決できる見通しが少しはあるということになるでしょう。ですから、東シナ海ガス田問題をめぐって、日本と中国が何を主張し、どう争い、どうやって決着したのか、その経緯を整理しておきたいのです。そして、どういう問題が、なぜ残されているのか、どうすればいいのか、そのことを明らかにしておきたいと思います。

1　何が問題になっているのか

●日中両国の主張の概要

共同開発で合意した日中会談のなかで、両国は、自国の海域がどこまでおよぶのかを主張し合いました。しかし、それについては、なかなか決着がつかなかったのです。そこで、この問題での主張はお互いに留保して、ガス田開発問題についてのみ合意したわけです。海域の境界をめぐる両国の主張が、なぜ相手を説き伏せるほどの説得力をお互いにもたないのか。その理由は次の節で詳しく紹介しますが、お互いの主張の内容を簡単に要約すると以下のようになります。図2－1は東シナ海の平面図ですが、これを見ながら読んでください。

日本政府は、日本と中国の海域（排他的経済水域、大陸棚）の境界線は、両国の領土から中間のところに引くべきだと主張しています。そして、中国が開発しているガス田のいくつかは、この中間線（Ⓐの線）をまたいだ場所にあり、中国側海域でのみ生産がおこな

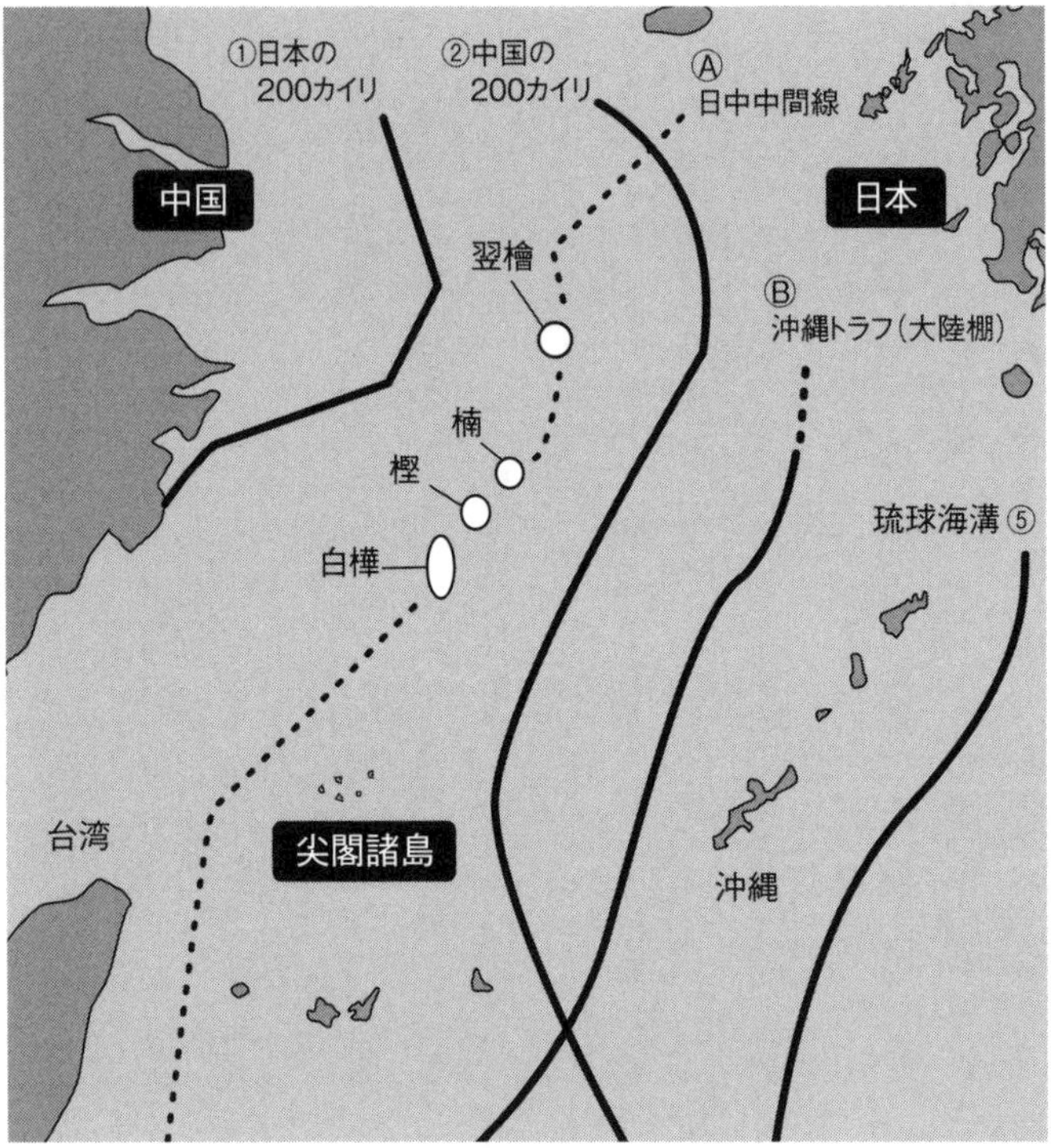

図2−1　尖閣諸島と日中境界線

われたとしても、日本側にあるガスまでをも中国側が吸い取ることが可能であり、認められないのだと主張しました。

中国政府はどういっているか。日本の中間線という主張を否定します。中国の海域は、大陸棚の縁（Ⓑの線）までおよぶと主張しています。ガス田はこの大陸棚にあるので、当然、すべてが中国のものだというわけです。また、日本側が主張する中間線を認めたとしても、中国が開発しているのは、中間線より中国側部分のガス田だと強調しています。

ということで、お互いの主張がかみあわない。そもそも海域を決める基準について、一方は中間線だといい、他方は大陸棚だといい、根底から異なるのです。基準が違うのですから、合意しようがありません。でも、こんな大事な問題なのに、国際的な基準は決まっていないのでしょうか。

この問題は難しいのです。結論をすぱっと書くことができません。周辺部から理解していかないと、結論もわからない。そこで、申し訳ありませんが、まわりくどい説明をさせてもらいます。

●領海、排他的経済水域、大陸棚

まず、言葉の定義です。両国の主張にある排他的経済水域とか、大陸棚などについて、正確な知識をもっておく必要があります。

これらの意味内容については、歴史的にもいろいろな議論がされてきましたが、現在、この問題に関する基本的な条約は、一九八二年に採択された「海洋法に関する国際連合条約」(以下、国連海洋法条約または海洋法条約) です。だから、この条約を眺めれば理解ができそうです。

国連海洋法条約によれば、各国の**領海**は、沿岸の**基線**から一二海里とされています (一海里は一八五二メートル)。突然、「基線」なんて耳慣れない言葉がでてきましたが、これは海岸で潮がいちばん引いたとき (陸地がいちばん見えるとき) の線のことです。これを基準に、領海や経済水域の沿岸側からの幅を測定するのです。

領海の外にあるのが**排他的経済水域**です。基線から二〇〇海里 (三七〇キロメートル) の広さとなります。海面とその下にある水域です。なお、領海の外 (したがって排他的経済水域のなかですが) 一二海里は接続水域とされ、出入国管理などの法令違反について予防的な措置をとることができると考えられています。

一方、**大陸棚**とは、海底にある陸地のことです。条約の言葉を借りれば、「領海を超えてその領土の自然の延長をたどって大陸縁辺部の外延まで延びている海面下の区域の海底及びその下」(海洋法条約) のことです。

これだけだと、わかりにくいかもしれません。「棚」という言葉に注目しましょう。大陸棚とは、陸地から延長して棚のように平坦な大陸が続く海底のことなのです。急に深くなる海溝などがあれば、そこで大陸棚は終わりということです。「自然の延長」という言葉は、そういうことを指します。

海洋法条約において、大陸棚は、基線から三五〇海里を超えてはならないとされました。同時に、大陸棚が地学的にみて二〇〇海里に満たない場合でも（つまり海溝などがあって大陸棚が途絶えていたとしても）、二〇〇海里までの海底については、沿岸国に同様の権利が与えられることになりました（図2－1の①と②のライン）。

●各々についての沿岸国の権利は？

以上が、領海、排他的経済水域、大陸棚の地理的な範囲についての定義です（図2－2参照）。次は、それがどんな意味をもっているかです。海洋法条約では、それぞれについて、沿岸国がどんな権利をもっているかについて決められています。

領海とは、いうまでもなく、領土や領空と同じく沿岸国の領域の一部ですから、各国の主権が完全におよぶ海のことです。漁業も地底開発も、その国だけができます（許可して他国を参入させることもありますが、許可する権限はその国にしかありません）。犯罪が

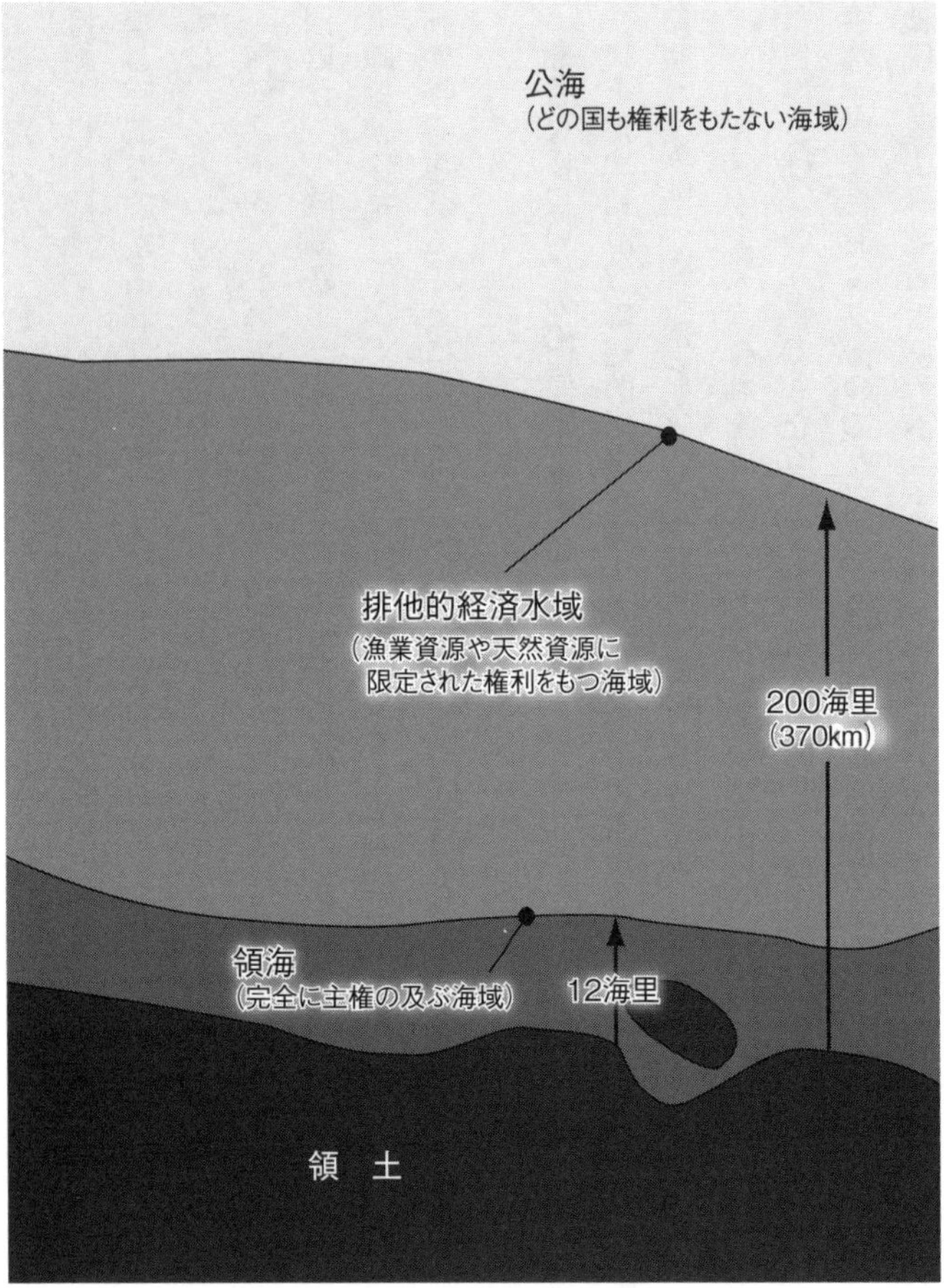

図２－２　領海線、排他的経済水域、公海

起きたら、その国だけが裁判権をもつわけです。これらを排他的という言葉で表現することは、竹島問題のところでも紹介しました。一つだけ、沿岸国が他国に無条件に認めなければならないことがあるのですが、それは船舶の無害通航です。沿岸国の平和と安全、秩序を損なわないなら、どの国の船の通航も認めなければならないということです。

一方、大陸棚や排他的経済水域というのは、沿岸国の主権がおよぶ範囲が限定されています。排他的に（他国を関与させず）主権を行使できるのは、経済水域という名前でも明らかなように、「経済」的な行為だけです。漁業資源や天然資源の開発などです。大陸棚も同様です。条約を引用すると、「（沿岸国は）大陸棚を探査し及び天然資源を開発するため、……主権的権利を行使する」とか、排他的経済水域についても、「（沿岸国は）海底の上部並びに海底及びその下」を対象として、生物資源、非生物資源に対する主権的権利をもつとされています。人工島や設備をつくったりすることもできます。

経済だけといっても、日本が主権を行使できる面積は、領土だけなら三八万平方キロなのに、経済水域を加えるとその一三倍近い四八五平方キロになるのです。このような広い海域に対して経済主権を行使できるわけですから、多くの国が、自国の大陸棚、排他的経済水域を明確にしようとするのは当然です。

しかし、海を隔てて複数の国が向かい合い、その間隔が短ければ、どこかに境界線を引かなければならなくなります。日本と中国の間ではこの境界線が合意されておらず、明確でないため、種々の問題が生じることになるわけです。

●資源開発がらみで複雑になる

東シナ海のガス田が問題になるのは、ただ境界が不明確だからというだけではありません。そこに豊富な資源が存在する可能性が見込まれていることが、問題をいっそう複雑にしています。

じつは、世界を見渡すと、境界が画定していない海域はたくさんあります。そして、確定しないからといって、必ず争いがあるわけではないのです。東シナ海だって、かつては境界をめぐる紛争は存在しませんでした。

ところが、一九六八年、国連アジア極東経済委員会（現在はアジア太平洋経済社会委員会と名前を変えています）の調査によって、東シナ海に豊富な海底資源が埋蔵されている可能性が指摘されたのです。そうしたら、関係国が目の色を変え、はげしい争奪戦が始まったというわけです。

ちょっと話がずれますが、大陸棚や排他的経済水域という言葉も、こうした資源開発とからんで誕生したものなのです。それまでの伝統的な国際法では、海洋は領海と公海（領海の外にあって誰もが自由に航行できる海）に分割されていただけです。それがなぜ変わったのか。二〇世紀に入り、科学技術が発展し、海洋資源を開発できる能力が備わってきたからです。それまでは、何千メートルもの海底を開発するなんて、夢物語でした。でも、開発の可能性が現実のものとなってくると、これまで公海だとされてきた部分についても、沿岸国は主権を主張するようになり、国際的な合意が必要になったということなのです。

●大陸棚条約の締結に至る経過

そういう動きの直接の発端をつくったのは、アメリカのトルーマン大統領でした。大陸棚は公海の下にあってもアメリカの管轄権に属すると宣言し（一九四五年）、開発に乗りだしたのです。これに刺激され、大陸棚をもつ国々の多くが、同様の宣言を発することになります。

こうして、一九五八年、国連が開いた海洋法会議で、**大陸棚条約**（後の海洋法条約の発効により、現在は法的な効力を失っている）が採択されました。この条約によれば、水深二〇〇メートルまでの海底、またはそれを超える場合には開発可能なところまでの海底を大陸棚と定義し、沿岸国が開発していいということになったのです。

この定義を見ればわかるように、結局、どこまでが大陸棚なのかというのは、「開発可能」かどうかだったのです。だから、この定義は、ただちに障害に突き当たります。開発可能かどうかというのは、科学技術が発展すれば、どんどん変わっていくからです。そして事実上、無限にひろがってしまうのです。

やっかいなことは、無限といっても、その恩恵を受けるのは、科学技術大国だけだということです。ということは、開発可能かどうかで定義すれば、先進国はどこまでも海底資源を我がものにできるけれども、技術力に劣る開発途上国には無縁なものとなってしまうということなのです。ですから、多くの国が、大陸棚や排他的経済水域についての新しい定義を求め、交渉を切望しました。

これをうけて、長期間にわたる交渉をへて、難航のうえに合意したのが、一九八二年に採択された前述の国連海洋法条約なのです。資源にかかわる交渉が容易に決着しない性格のものであることは、こうした経緯を見ても推察できるでしょう。

●境界画定基準は明確ではない

大陸棚条約では、複数の国が向かい合っている場合、「特別の事情」がない限り、中間線が境界だとしていました。ところが、新しくつくられた**海洋法条約**を見ると（現在は境界画定基準としてこちらが有効なのですが）、そこがよくわかりません。この条約は、境界をめぐって対立が生じた際に解決すべき基準を、明確には定めていないのです。条約で決まっているのは、次の部分だけです。

「向かい合っているか又は隣接している海岸を有する国の間における排他的経済水域の境界画定は、衡平な解決を達成するために、国際司法裁判所規程第三八条に規定する国際法に基づいて合意により行う」（第七四条第1項）

これは、排他的経済水域の境界画定方法についての条項ですが、大陸棚の場合も同じです（第八三条第1項）。「排他的経済水域」という用語が、「大陸棚」に置き換わっているだけです。

要するに、「衡平な解決」（バランスのとれた解決）をめざし、関係国で「合意」をつくれというのです。海洋法会議では、いろいろな主張が飛び交ったそうですが、合意できたのはこの文面だけだった。要するに、単純な基準を設定することは合意できないので、関係国が納得しあえるまで交渉をすべきだというのが、会議の結論だったといえます。したがって、日本と中国は、ねばり強く交渉を継続し、合意に達しなければならないわけです。それこそが条約の神髄なのです。

ただし、交渉の基準が皆無だというわけではありません。引用した条文に明記されているように、「国際司法裁判所規程第三八条に規定する国際法」が考慮されねばならないというのが、海洋法条約の精神です。その三八条を見ると、裁判の基準として、条約、国際慣習、法の一般原則、裁判上の判決及び学説を列挙しています。そこで次に、これらの基準に照らして、日中双方の主張を検討してみましょう。

2　日中の主張とその問題点

これまで、向かい合う国の海の境界をどうするかでは、たくさんの争いがあり、そのうちいくつかは裁判にかけられました。その判決などをふまえ、新たな学説も誕生したりして、「これがもう慣習になっている、法律としても一般的である」と思わせるほどの実例も生まれてきました。そういう角度から見て、日中の見解はどう位置づけられるのでしょうか。

●中国側の主張をめぐって

中国側の主張の基本は、大陸棚自然延長説です。つまり、中国の大陸棚が沖縄トラフ（あとで説明します）まで続いており、そこまでは中国が経済的主権を行使できるという

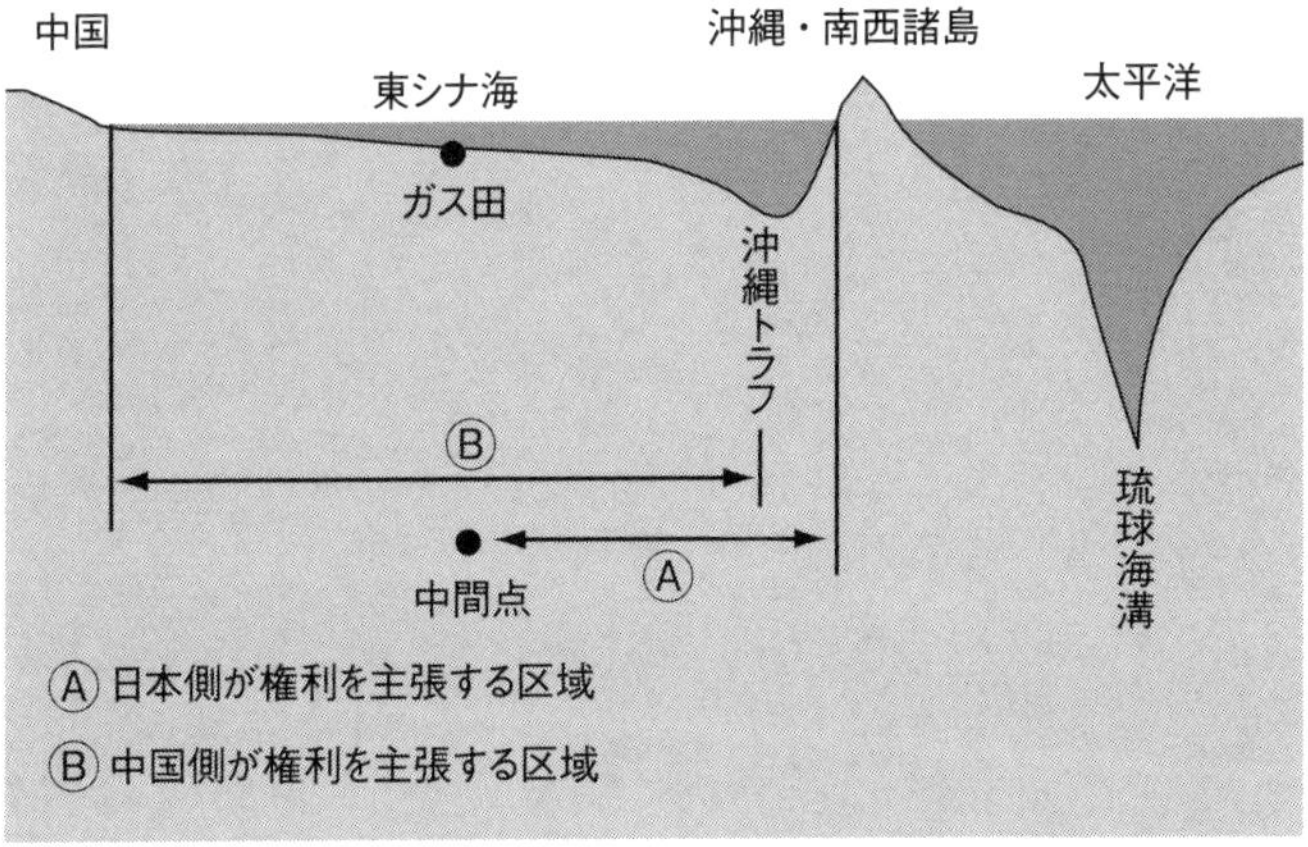

図2－3　沖縄トラフと琉球海溝

ものです。図2－3は、先ほどの図2－1で見た東シナ海の断面図です。両方を見るとわかりやすいでしょう。

国際司法裁判所の判決のなかには、中国の主張を正当化するものがあります。一九六九年、北海周辺で向かい合う海岸を有するドイツ、デンマーク、オランダの間で争いがあり、判決が下されました。これは、海洋の境界に関するはじめての裁判でもあり、結果が注目されていました。

大陸棚を分割する基準について、裁判所はどう判断したでしょうか。最大の注目点は、「特別の事情」がない限り海岸線から等距離・中間線で分割すべきとされていた大陸棚条約（前出、一九五八年）の考えを退け、それよりは沿岸国の領土の自然の延長原則が優位性をもつとしたのです。海岸の形など別に考慮すべき事情があるとはしましたが、原則は、大陸棚は沿岸国のものだというものでした。等距離・中間線という考え方については、不合理な結果を招く場合もあるので、慣習国際法とはみなせないとまでのべています。中国の主張には根拠があるのです。

しかし、この北海大陸棚事件後、判決の流れは変わってきたように思えます。国際司法裁判所や、紛争当事国が委託した仲裁裁判所のどの判決をみても、必ずしも領土の自然延長原則を重視してはいるわけではありません。

たとえば一九七七年、イギリスとフランスの間の大陸棚境界画定に関する判決が、仲裁裁判所により下されました。領土の自然延長か等距離・中間線かが争われたのですが、裁判所は、六九年の北海大陸棚事件判決とは異なり、大陸棚条約の等距離・中間線規定を適用すべきだとしたのです。同時に、ただ中間に画一的に線を引いたのではありません。大陸棚条約の「特別の事情」という規定を重視し、衡平な解決をめざすとして、海域にある島の存在などを考慮して中間線を部分的に修正したのでした。

●中間線＋「特別の事情」の考慮が趨勢に

その後も、多くの事件が裁判所によって取りあげられました。それらの結果を見ると、

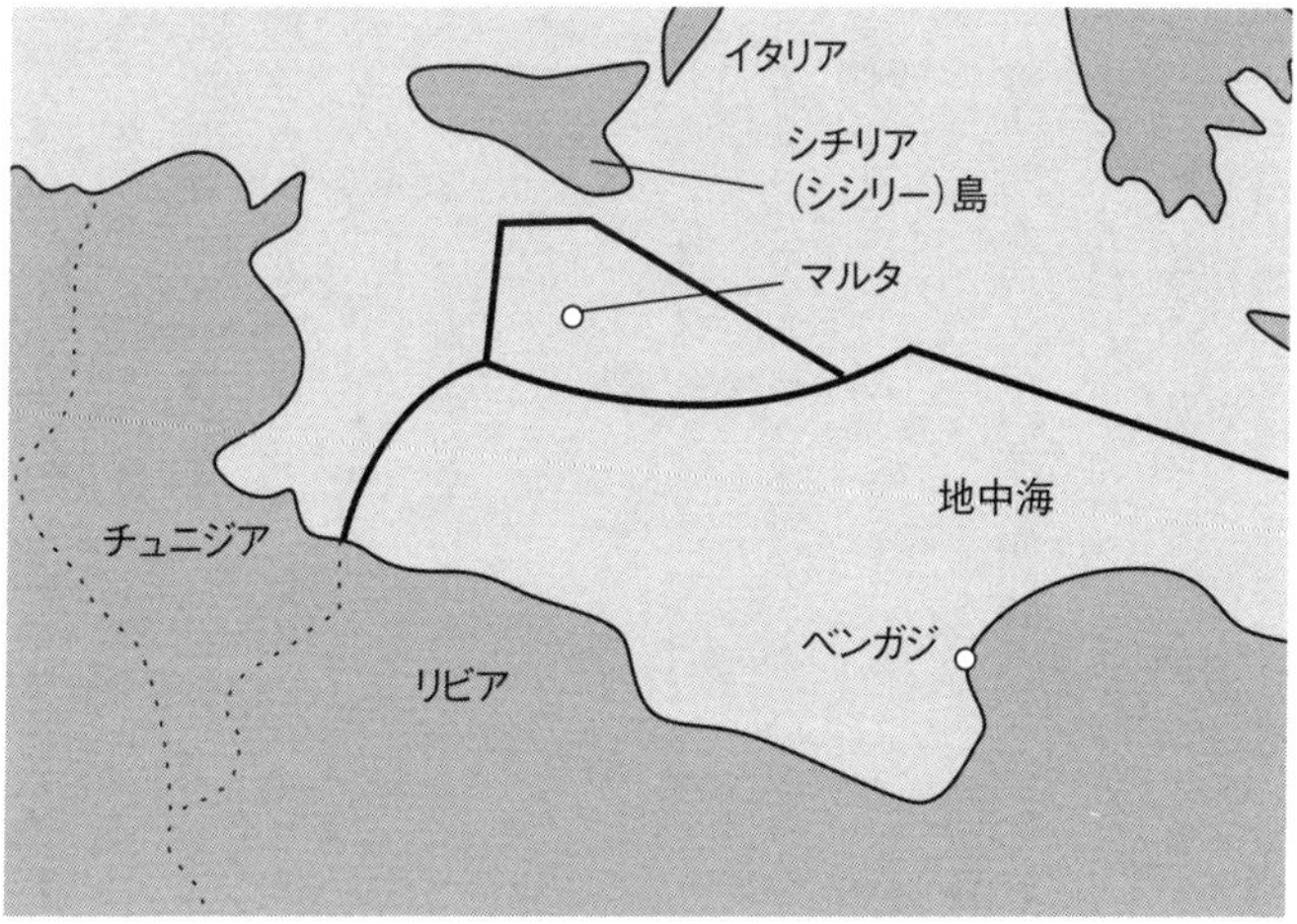

図2－4　リビアとマルタの境界線

基本的には、まず中間線を引き、そのうえで「特別の事情」を考慮して修正するというやり方が定着しているように思われます。

一九八二年、日中間の問題と類似する争いの判決がありました。海の境界をめぐるリビアとマルタとの係争です。マルタ側は中間線を主張しましたが、リビア側は、海底トラフの存在を根拠にして、そこまでは自国の領土が自然に延長しているのだと譲らなかったのです（図2－4）。

国際司法裁判所の下した判決は明快でした。国連海洋法条約によって大陸棚と排他的経済水域という二つの制度ができたもとでは、向かい合う国の境界画定に際しては、両方の制度に共通する「海岸からの距離」に重きがおかれなければならないとしたのです。思いだしてください。大陸棚は陸地がどこまで延長しているかが基準であり、排他的経済水域は距離（二〇〇海里）が基準でしたよね。その二つが併存している場合、境界を決める基準としては距離のほうが大事だということです。つまり、中間線が基準になるということです。

しかし、それだけではありませんでした。以上の考えにもとづき、両国の間に暫定的に中間線を引いたうえで、海岸の形状、海岸の長さの不均衡などを考慮して修正したのです。

このような判決の流れをみると、東シナ海の境界問題では、等距離・中間線を主張する日本側が有利だと見えます。もちろんそういう要素はあるのですが、これも単純ではありません。どの判決でも、海洋法条約の「衡平な解決」という基準をふまえ、不均衡な部分を修正しているからです。これがどんなものかは、あとで詳しく解説します。

●沖縄トラフと大陸棚問題

なお、先ほどトラフという言葉が出てきました。これは、無理に訳せば「舟状海盆」ということになります。何のことでしょう。一般に海溝よりは浅い海底の窪みのことなのです。でも、ある窪みをトラフと呼ぶか海溝と名付けるかは、浅いか深いかという外形によるものであって、成因、構造で区分されるわけではありません。

再び図2－1のⒷのラインと図2－3を見てください。**沖縄トラフ**は幅三〇キロ、長さ一〇〇〇キロにわたっており、最深部は二三七〇メートルあります。中国は、この窪みまで、自分たちの大陸棚が続いていると主張しているわけです。この場合、日本の大陸棚はどうなるかというと、沖縄トラフから琉球海溝（図2－2の⑤のラインと図2－3を参照、最深部は七八八一メートル）までということになるでしょう。日本政府は、そういう地学的な主張の是非に関係なく、沖縄をはじめとする南西諸島と中国大陸の間の中間線（図2－1のⒶのライン）が、両国の大陸棚・排他的経済水域の境界だという立場です。

付け加えれば、日本政府は、沖縄トラフまでを中国の大陸棚とみなす考え方を、地学的にも否定しています。すなわち、沖縄トラフは、大陸棚の終わりをしめすものでなく、ただの窪みであり、大陸棚は琉球海溝まで延びているというのです。その根拠として、沖縄トラフの東と西では、地質が同じことなどをあげています。

大陸棚が琉球海溝まで続いているとなれば、日本と中国は同じ大陸棚を共有していることになります。そうなると、日中の境界は、やはり中間線だということになると思われます。

●日本側の主張をめぐって

では、いま紹介したような判決をもって、日本が主張する等距離・中間線の考え方が基本的に確立したといえるのでしょうか。あるいは、その結果として、問題のガス田は、日中の境界海域に存在しているということになるでしょうか。結論からいうと、そう単純ではありません。

等距離原則というのは、もともと、大陸棚条約で示されていた考え方です。でもそれは、同じく条約の明文にあるように、「特別の事情」で変更されることを前提としたものでした。一九八二年に国連海洋法条約がつくられた際、等距離・中間線方式を主張する国も少なくなかったのですが、「衡平な解決」という条文になったということは、中間線という主張が採用されなかったということを意味します。

しかも、最近の裁判の判決をみると、等距離・中間線を重視しつつも、それだけで境界を画定した事例はあまり存在しません。「特別の事情」が必ずといってよいほど考慮されているのです。

特別の事情の要素として指摘されてきたのは、海岸線の形状や島の存在などでした。たとえば、二つの国の陸地がほぼ同等に向き合っている場合、その中間にとりあえず線を引くのですが、ある国の島がその海域に存在している場合、その国に有利な形で中間線を修正するというようなことなのです。先に紹介した七七年の英仏大陸棚事件の判決は、中間線という考え方と、特別事情を考慮する考え方と、その双方に同じ重みがあることを強調しています。

日本政府も、中間線を基本としつつも、そうならない場合があることも想定しているようです。一九九六年、海洋法条約にもとづき、「排他的経済水域及び大陸棚に関する法律」がつくられました。そこでは、排他的経済水域と大陸棚の範囲は二〇〇海里までであり、日本と向かい合っている国との間では「中間線まで」にするとしつつ、中間線に代わって外国との間で合意した線があるときは「その線まで」とされています。中間線だけでは解決しないと考えているのです。

●「特別の事情」は日本側には不利である

東シナ海で境界を決める際、冷静にみると、特別の事情を考慮するならば、日本側には不利な要素があります。それは、海岸線の形の圧倒的な違いです。

あらためて図2－1を眺めるまでもなく、中国の側はえんえんと大陸が続いていますが、日本の側は南西諸島が点在しているにすぎません。一方が陸地で、一方はほとんどが海という場合、当然、特別の事情ということになります。

そういう考え方で東シナ海のことを考えれば、どうなるでしょう。日本側は、裁判にでもなれば、島と島を結んだ線を中国側の大陸と同じようにみなし、中間線を引いて境界とするのだと主張すると思われます。でも中国側は、島と島を結んだ線はただの海に過ぎず、中間線を引く基準にはならないと反論することになるのは確実です。客観的にみて、大陸と島を比べれば、大陸側に有利になるに決まっています。

ということで、いったん中間線を引いたとしても、特別の考慮によって、中国側に有利な修正が加えられることは、ほぼ間違いありません。そして、思いだしてほしいのは、問題のガス田は、多くが中間線上に存在するということです。つまり、もしその中間線が、両国の海岸線の形を考慮して、少し中国側に有利に修正されることになっただけで、ガス田の全体が中国側に入ってしまう可能性もあるということなのです。

●裁判の判決を見ても不利なことはわかる

以上のべたことは、たんなる推測ではありません。正式に判決でも示されています。

一九八四年、アメリカとカナダの間で争われた裁判の判決が下されました。メイン湾海域境界画定事件といわれます。

メイン湾というのは、アメリカの北東部にあり、カナダの南東部に接しています（図2

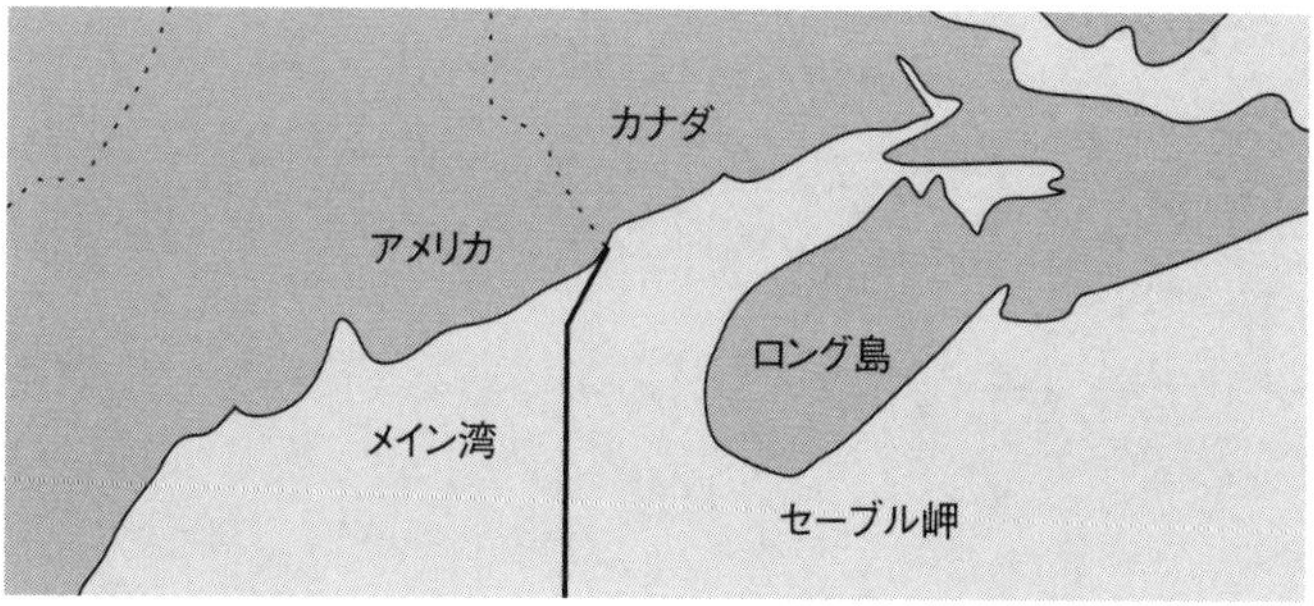

図2－5　メイン湾、カナダとアメリカの境界線

－5）。この裁判では、カナダが等距離・中間線を主張し、アメリカが衡平原則で対抗しました。なぜかというと、アメリカとカナダを比べると、アメリカのほうが長い海岸線をもっていたのです。そこでアメリカは、それを「特別の事情」だと主張し、カナダは「いや中間線だ」と主張したわけです。

結果はどうなったかというと、アメリカの勝ちです。もちろん中間線がまず引かれたのですが、海岸線の長いアメリカに有利なように、その中間線が修正されたのです。

メイン湾だけではありません。グリーンランド・ヤンマイエン事件でも同じでした（一九九三年判決）。覚えにくい言葉ですね。これは、デンマークとノルウェーが、グリーンランド（デンマーク領）とヤンマイエン島（ノルウェー領）の境界をめぐって争ったものです（図2－6）。一方は陸地で、他方は島ですから、海岸線の長さ

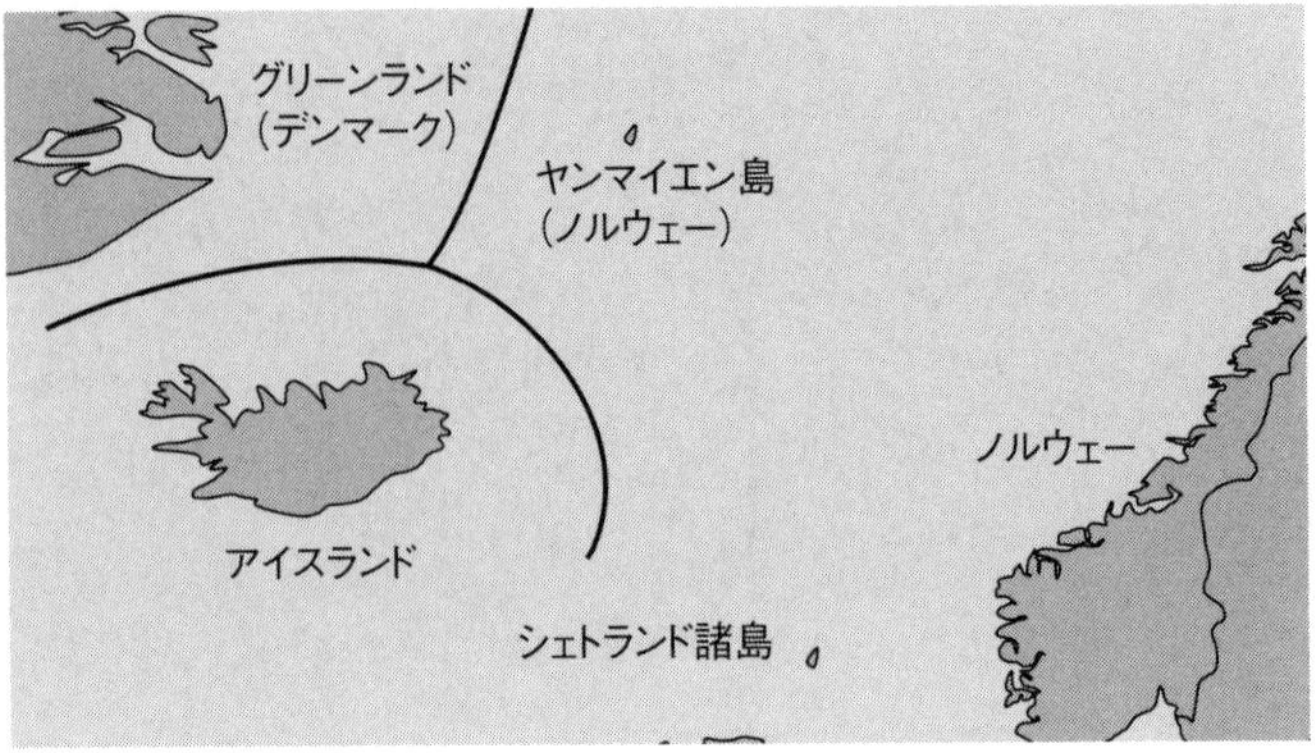

図２－６　デンマークとノルウェーの境界線

が圧倒的に違うのです。数値で表すと九対一です。

裁判所は、それを考慮し、中間線を修正しました。もちろん、基本としての中間線がありますから、九対一になったわけではありません。三対一だったということです。

それにしても、同じ基準が東シナ海に適用されたら、日本にとっては、たいへんなことです。もし、東シナ海が一対一ではなく、三対一で日本と中国に分けられたら、ガス田はすべて中国の海域にあるということになります。

やはり、共同開発で合意しておいて、日本にとってもよかったのです。だから、この合意は、日本側としてはなんとしても大切にしなければなりません。ということで、この合意の意味をふまえ、どうやって具体化していくべきかという問題に入っていきましょう。

3　共同開発の事例に学んで合意の遂行を

●「争いがあれば共同開発」が歴史の流れ

冒頭で書いたように、日本と中国は、二〇〇八年六月、東シナ海のガス田開発で協力し合うことを合意しました。大事なことだと思います。

合意内容を見ると、二つの種類の開発が想定されているようです。一つは、東シナ海の北部水域において、両国が共同開発をおこなうというものです。この地域には複数のガス田があることが確認されていますが、どこを開発するかは、今後の具体化にゆだねられています。もう一つは、これまで中国が探査をおこなってきた南部の白樺油田（図2－1）について、中国の国内法にもとづき、日本企業が参入するというものです。

第二次世界大戦まで、資源というのは、戦争を誘発する原因でした。資源を求めて軍隊を送り、植民地をつくり、他の国々と奪い合うということが普通の姿だったのです。

しかし、戦後、そういうあり方に転機が訪れているように思えます。海底開発も同様です。

一九六五年、イギリスとノルウェー、オランダとイギリスが協定を締結しました。これは、各国の大陸棚の境界にまたがっている単一の鉱床にかかわって、その効率的な開発と収益の配分について合意に到達する努力を約束したものでした。

すでに紹介した国際司法裁判所の北海大陸棚事件の判決（一九六九年）は、この協定の存在を紹介しながら、境界をまたがって鉱床がある場合、問題が生じることはあり得るとしつつ、問題を解決する方法として共同開発という手法があることを指摘しました。こうして、海洋法条約の解釈上、なかなか合意が難しい場合、共同で開発するというやり方が開始されたのです。

ガス田開発をめぐる日中の合意も、そうした流れのなかで生まれたものです。しかし、合意はできても、それに対する評価も分かれていますし（日中ともにです）、なかなか具体化がすすみません。そこで、合意の内容にそって、より具体的な分析をしてみたいと思います。

●中国国内法にもとづく日本企業参入問題

この合意に対して、もちろん評価する声が多かったと思います。一方で、白樺油田が中間線上にあることを根拠にして、日本国内では、中国の国内法を優先させるとは何事か、中国に屈服したのかという批判もありました。共同開発というと、当事国が共同で投資し、共同で探査をおこない、共同で生産することを想起しがちです。白樺ガス田で合意した方式は、そういうイメージと異なるので、反発を呼んだと思われます。こういう方式は、狭い解釈をすれば、共同開発とはいえないかもしれません。

しかし、これは交渉ごとなのです。日本側の要求が通ることもあれば、中国の言い分を認める部分もある。そうでなければ外交交渉などできません。譲ったから問題だという考え方は成り立ちません。

しかも私は、この問題で日本が譲ったとは思えません。譲ったというよりも、双方の実益になるように合意したということではないかと考えています。

そのことをわかっていただくために、海外の事例をあげましょう。イギリスとノルウェーによる北海のフリッグガス田開発（六〇年代半ばから七〇年代まで）の問題です。

フリッグガス田は、イギリスとノルウェーの大陸棚境界線上に存在しています。この境界は、中間線に引かれていますが、当初イギリスは、ノルウェー海溝までの大陸棚に対する主権を主張していたのです。東シナ海ガス田と事情が類似していました。

ところがイギリスは、一転して中間線に歩み寄りました。それは、エネルギーが不足しているという事情があって、一刻も早く開発をすすめたかったからだといわれています。一方、ノルウェー側には、それほどの緊急な事情はありませんでした。それでも両国は、効率性の観点から、それぞれの大陸棚を別々に開発するのでなく、単一のガス田として開発することで合意し、両国が出資した企業の共同体がつくられたのです。

採取したガスをどういう割合で分割するかについては、両者に不一致があったので、第三国の企業に分割案作成を委託したそうです。また、当初、両国ともに自国の領土にまで延びるパイプラインを引こうとしましたが、ノルウェー側には海溝があり（深度は二〇〇～三〇〇メートル）、技術的な困難があったため（採算を度外視すれば敷設は可能でしたが）、敷設されたのはイギリス側だけにとどまることになります。そのうえで、ノルウェーは、自国分のガス全量をイギリス側に売却したのでした。自分たちはエネルギーに困っていないわけですから、当然の判断です。

●共同のあり方は一つひとつ違う

この事例でも明らかなように、共同で開発するという場合、大陸棚説を放棄して中間線で合意したのはけしからんとか、パイプラインが相手国だけに敷かれるのは許されないとか、そんな原理原則をもちだしても仕方がありません。大事なことは、実益なのです。

開発の能力、必要性は当事国によって異なりますし、採算を優先すれば開発方式の選択肢が限られるという場合もあります。したがって、それぞれの場合について、最良のやり方が考案されなければならないのです。

東シナ海ガス田で決着した方式をどう評価するか、今後どう具体化するかについても、具体的な検討が必要です。日中の間では、事情がかなり異なります。

中国側は、自国のエネルギー事情があり、採算を度外視して白樺ガス田の開発をすすめてきたという側面があります。これまでの投資額は相当のものだとみられます。しかも、すでに開発してきた実績があるわけですから、現場の海域のこともよく知っています。

一方、日本の場合、赤字を覚悟で開発するという必要には迫られていません。もしもの話ですが、白樺ガス田の共同開発に固執して、これまでの中国側の投資に見合う分の投資を求められたら、とても採算はとれないと考えられます。合意が気にくわないから中間線の日本側の海域は日本独自で探索し、開発するべきだという人もいるでしょうが、いまさら日本が新たに技術と人を動員して開発しても、現場海域のことを最初から研究しなければならないのですから、莫大なお金がかかり、採算どころの話ではありません。

ですから、南部の白樺ガス田は中国の国内法にもとづいて日本企業が参入するというのは、きわめて合理的だといえるのではないでしょうか。採算、実益を基準におけば、これ以外の選択肢はないともいえます。

今後のことの一つですが、パイプラインの問題も浮上するでしょう。率直にいって、ノルウェー海溝よりもはるかに深い沖縄トラフをこえるパイプラインの敷設は現実的ではありません。中国側だけにパイプラインを引いて、日本が独自に採取するようなことがあるなら、それを使わせてもらうことが効率的だと思われます。そんなことをすると、全部が中国にもって行かれるぞと騒ぐ人もいるでしょうが、沖縄トラフにパイプラインなど敷いたら、産出されるガスの価格が採算のとれないほど高くつくとなれば、誰も問題にしなくなると思います。

北部の共同開発地域についても、やはり共同でやることが、日本にも利益を生みだします。日本と比べて、中国は、技術にしても人にしても、安上がりです。日本の資金を使い、安価な中国の人と技術で開発ができるのですから、日中双方にとって、これほど理想的な開発方式はないだろうと思います。

要するに、解決すべき問題は具体的なのです。そして、解決の基準は、どうやって実益を得るかということなのです。その立場で見れば、日中の合意は合理的であって、日本側に求められるのは、この合意を守り抜くという姿勢だと思います。

●根本的なところで日本側有利の合意

しかも大事なことは、共同開発のやり方をめぐる問題は、この問題全体から見れば、きわめて小さい問題だということです。なぜかというと、今回の合意は、日中の海域の境界をめぐる双方の立場には影響を与えないという建前になっていますが、そう単純ではないと思われるからです。

じつは、これまで日中が交渉のなかで対立していたのは、境界を大陸棚にするか中間線にするかだけではありませんでした。共同で開発する地域をどうするかについても、大きな隔たりがありました。

中国側は、自国の大陸棚説と日本の中間線説が交錯する海域を、両国の境界が画定していない部分だとして共同開発するよう主張しました。一方、日本側の提案は、中間線の近辺に属するガス田だけを共同開発しようというものでした。

要するに、中国は、大陸棚延長説にたって係争地域の開発を提案してくる。それに対して日本側の主張は、中間線説にもとづくものです。境界問題は脇において、開発地域をどうするかに限定して議論するといっても、やはり境界問題と不可分な提案になってしまうのです。

そして、合意を見れば、開発で合意したのは、中間線付近だけです。大陸棚の縁の周辺ったわけです。これは二重の意味で日本側に有利です。

一つは、問題のガス田から利益を得られるからです。先ほど見たように、裁判で両国の境界線を決めようというやり方をとっていたら、中間線が修正され、日本側の海域が減っていたこと、ガス田のほとんどが中国側に位置することになり、日本側はガス田の受益者になれなかったことは、ほぼ確実なのです。

二つ目は、この合意は、まさに中間線を認めたに等しいといえばいい過ぎですが、事実上それを前提にしたものになっているからです。実際には中間線から沖縄トラフまでの海域をめぐって争っているのに、争いがあるのは中間線付近だけであって、そこから西側は中国の海域、東側は日本の海域だと認めているような合意なのです。

つまり、この合意は、どこが東シナ海の境界かという根本のところでは日本側に有利です。その上で、具体的な開発方法という細かな問題で、中国側のメンツを立てたというところでしょうか。

この交渉の時、外務次官を務めていたのが藪中三十二氏。彼は、この合意について、以下のように誇らしげに語っています。

「その意味で（中国側に譲ったところがあるという意味で・引用者注）バランスのとれ

た合意と言えようが、日本の年来の主張は貫かれている。あえて何対何とはいわないが、日本の年来の主張に照らし、日本にとってきわめて重要な合意である」（藪中三十二『国家の命運』新潮社）

●日韓大陸棚協定に学ぶ

いや、日本の主張が正しいのだから当然だ、といわれる方がいるかもしれません。中国側の主張、すなわち中間線と大陸棚の縁までを争いの対象とし、そのすべてを共同開発するという主張は道理がないのだと。

でも、そんなことはないのです。日本自身、今回の中国の主張の内容に沿うような形で、韓国との間では合意を結んだ実績があります。

日本と韓国は、一九七四年、大陸棚の境界にかかわって、二つの協定を締結しました。一つは、日韓大陸棚北部協定といいます。これは、日本と韓国からの等距離・中間線で、北部の大陸棚を分割するものでした（図2―7）。

もう一つが、日韓大陸棚南部協定です。この協定は、北部とは異なり、境界線を引かずに共同開発区域を設定し、五〇年間にわたって共同開発することで合意したものでした。共同開発する区域として合意されたのは、両国の主張が交錯する区域です。交渉の過程

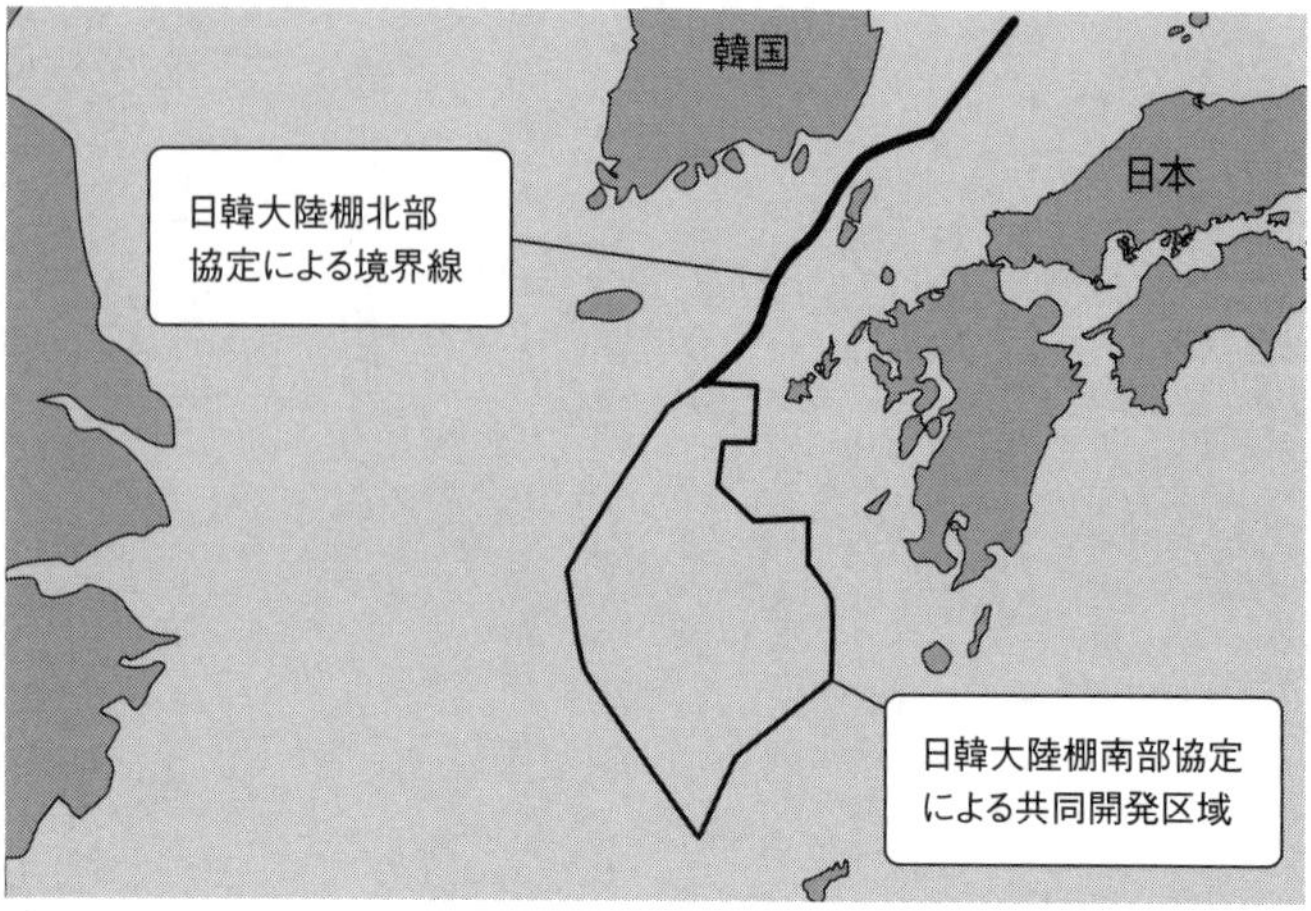

図２−７　日韓大陸棚協定による境界線と共同開発区域

で、韓国側は大陸棚の自然延長説をとり、沖縄トラフまでを自国の大陸棚だと主張していました。一方、日本側は等距離・中間線説を主張します。その結果、沖縄トラフから中間線までの区域を、共同開発することで合意したのです。

そうです。日中交渉において中国側が主張したのと同じ内容です。それと同様の主張なのに、この場合、日本側は合意したのです。

それ以外にも、こうした事例は多いのです。たとえば、二〇〇二年にオーストラリアと東チモールが結んだ協定も、大陸棚の縁と中間線の間を共同開発区域としています（図２−８）。争いのある地域全体を対象とするのは、国際的に通例になっている

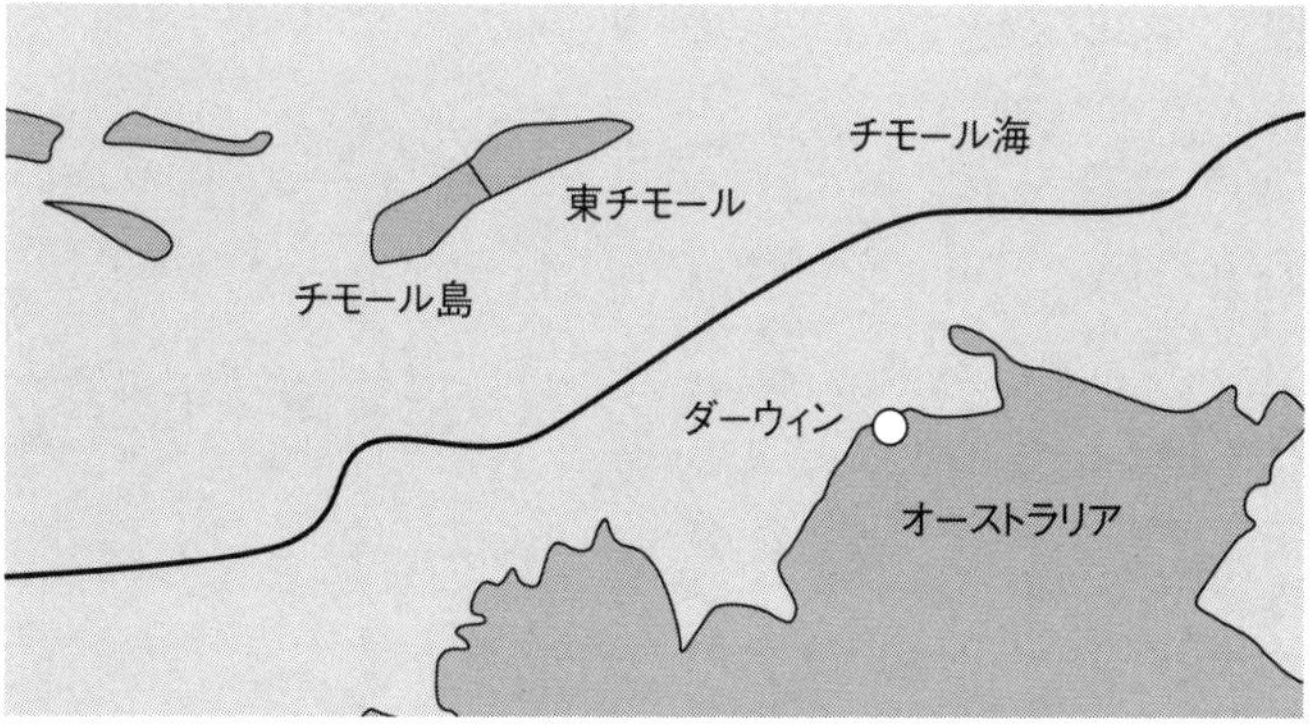

図2−8　オーストラリアと東チモールの境界線

といえます。

なお、日韓大陸棚北部協定において中間線で合意が得られたのは、日本側が主張する中間線と、韓国側が主張する大陸棚の縁が、ほぼ重なり合っていたという事情があります。一方、当時、国連海洋法会議では、この章の最初の方でのべているように、中間線の主張が劣勢に立っていました。そこで、日本の外務省は、意見の異なる南部地域においては、中間線に固執せず、共同開発で妥協するほうが得策だと考え、合意を急いだのでした（外務省情報文化局『日韓大陸棚協定　早期締結の必要な理由』一九七七年）。ここでも原理より実益ということなのです。

●当初はもっと広い海域が対象だったのに

日中交渉のはじめの時期には、中間線付近だけではなく、かなり広い海域を対象とすることも焦点になっていました。日中の合意は二〇〇八年ですが、その一年二カ月前の交渉での発表文を見ると、「比較的広い範囲で共同開発」する方向が確認されていました。

やはり、当時も、中間線か大陸棚の縁かが、共同開発区域を決めるのにも障害となっていたと思うのです。そして、この解きがたい難問をクリアーするため、当該海域の比較的広い場所を共同開発区域とするとして、そのことにより、折り合うことのできない中間線とか大陸棚というものを、できるだけぼかしてしまおうという意図があったのだと思います。一つの知恵です。中間線付近でも大陸棚の境界でも共同開発ができれば、お互いが主張を棚上げしたことがわかるのですから。

ところが結論は、中間線付近だけの合意でした。日本の外務官僚が誇りをもって語るような合意になったのです。なぜそうなったのかはわかりません。推測でしかありませんが、二つの事情があるでしょう。

一つは、中国側は、やはり自国のエネルギー事情があるので、焦っているわけです。早く合意して、早く生産を開始したい。だから多少の妥協は仕方ないと感じていたのではないでしょうか。

もう一つは、これも中国側の事情ですが、小泉首相時代の冷たい関係が終わり、安倍内閣を経て、中国通の福田氏が首相になって、このタイミングが大事だと思ったのでしょう。

どうしても、いま、まとめあげたいと。これも焦ったわけです。

先ほど紹介したフリックガス田の問題では、イギリスが大陸棚説を放棄し、中間線上のガス田開発で合意しました。イギリスがそういう態度変更に至ったのは、やはりエネルギー不足があって、とにかく早く開発に踏み切りたかったからです。今回の中国に似ているように思います。

●イギリスと中国の違い

ただし、当時のイギリスといまの中国は、かなり違う面があります。その最たるものは、中国が抱え込んでいる国内のナショナリズムです。現在の中国は、民衆がナショナリズムをかき立てられ、そのエネルギーが政府に向かうという現象が見られます。一党支配の政府といえども、無視できないエネルギーです。

そして、領土や資源という問題は、ナショナリズムにとって格好の材料です。今回の問題で、せっかくの合意ができたのに、なかなか具体化されない背景には、この問題が横たわっているように感じられます。

もともと中国政府は、大陸棚の縁までは自国のものだという立場をとってきました。そして、日本との交渉でも、そこまでを共同開発の区域として提案してきました。中国の国民に対しても、それを中国の譲れない原則として説明してきたのです。

ところが、日本と合意したのは、中間線上だけです。大陸棚の縁周辺の開発は、問題にもなっていません。

これでは、「大陸棚説を捨てて、日本のいう中間線に屈服した」という反日世論が高まることは確実です。というか、そういう世論が高まったので、中国政府は具体化に動けなくなっているわけです。

日中の合意が中間線上のものに限定されたのは、私の推測では、そこが現在のところ開発可能な場所だった事情もあると思います。どういうことかといえば、中国大陸の沿岸部から沖縄トラフに向かうにつれて、どんどん海底が深くなります。中間線付近というのは、比較的、大陸に近いので、浅い部分です。浅いから、現在の技術で開発可能なのです。深くなればなるほど開発が難しい。大陸棚の縁など、ガス田を探査することすら簡単ではありませんし、ましてや開発するとなると、きわめて困難でしょう。

ですから、中国政府は、日中の合意が中国の主権を侵すようなものでないことを、くり返し国民に説得すべきです。実益の観点からは他に選択肢がなかったことを、きちんと説明すべきなのです。

しかし、それでは収まらないのが、ナショナリズムというものです。さあ、どうしたらいいのでしょう。日本はいま何をすべきか。

●実益の観点にたって大局的な判断を

反中世論を高めることのほうが大事だというなら、合意を具体化しない中国側をただだ批判するという選択肢もあるでしょう。でも、大事なことは、ガス田開発で日本側も利益をあげることのはずです。海底のガス田開発というのは、莫大な資金が必要です。白樺ガス田は、すでに中国側がたくさんの資金を投入し、生産が軌道に乗ろうとしています。日本側が、それとは別に白樺ガス田の日本側から新たな開発をやろうとすれば、中国側の反発で軍事的にも緊張を招きかねないということも問題ですが、何よりも採算がとれるかどうかもわからない。

それだったら、共同開発の利点を粘り強く説き、中国側の決断を促していくという以外には、日本がとるべき手段はないと思います。合意が具体化しないまま、ずるずると時間が過ぎるのは、最悪です。

同時に、私は、日本が中国の決断を促すために、いろいろな提案をしていくべきだと思うのです。多少は日本側が譲るように見えても、今回の合意は、これまで指摘してきたように日本側に有利なものなのですから、日本の損になるようなことはありません。

その最大のものは、やはり、共同開発するガス田を、さらに中間線より東側に広げることだと思います。そうして、中国側のメンツを立てるのです。日本側に譲らせたと中国国民に説明できるようにして、良好な世論の状況をつくり、中間線付近での合意を一気にすすめるべきだと考えます。

東側の海域は、先ほどものべたように技術的な困難がありますから、時間はかかるでしょうが、誠実に履行すればいいと思います。現実のものとなっても、莫大なお金が必要になることは確実であり、この点でも、躍進著しい中国にも多額の出資をしてもらい、中国の安い労働力を活用して開発することは、日本にとってもメリットがあります。

●最大の問題は尖閣諸島だ

ただし、東側の海域を対象にした場合、問題になるのは、対象海域がどんどん尖閣諸島周辺に近づくことです。中国漁船が海上保安庁の船と衝突したことをきっかけとして、中国の国内では、尖閣諸島付近の共同開発を求める声がでているようです。

日本側としては、いくら譲歩するといっても、そこまでは譲歩できないでしょう。日本が実効支配している場所（三章参照）を共同で開発するということになれば、逆に、日本側のナショナリズムが政権を窮地に追いやるかもしれません。

しかも、尖閣問題を論じる場合、経済的な権益を中心にすえていては、議論として通用しないでしょう。中国が軍事力によって東シナ海、南シナ海に展開しようとしていることをどう見るのか、それにどう対処するのかという問題の分析も必要になります。

この本では、次の章が尖閣問題にあてられています。ですから、残りの問題は、そこでいっしょに論じることとし、そこで私の提案も明らかにします。

●軍事と経済のぶつかり合いのなかで

それにしても、いま、この海域は、軍事と経済がはげしくぶつかり合う場所になっています。中国の軍事的進出ばかりが報道されていますが、一方で、二〇〇四年六月、中国とベトナムは、トンキン湾における両国の大陸棚境界をまたぐガス田、油田、鉱産資源について、共同開発をおこなうことで合意しました。二〇〇五年三月、領有権が対立する南沙諸島海域において、中国、ベトナム、フィリピンの三国は、費用を等分して油田の探査をおこなうこととなりました。中国は二〇〇六年六月、ロシアとの間で、長年の主張をとりさげる形で国境を確定させましたが、それもシベリアで産出する天然ガスのパイプライン敷設を有利にすすめるという思惑があるとされます。

つまり、中国側にも、領有権での対立を先鋭化させるのでなく、それを脇に置いて共同開発をめざすという意思はあるのです。軍事力の増強に隠れてしまって、なかなか見えませんが、確実にその意思が存在します。

いま大事なことは、東シナ海を対立の海にするのでなく、平和と協調の海にするという確固とした意思です。お互いが平和的に解決するという強い意思をもっていることを確認しながら、誠実に協議にのぞむことです。たとえ意見の違いが生じたとしても、この海域に軍事力を展開して威嚇するようなことは両国ともいましめ、外交の場で解決するという姿勢が不可欠です。

同時に、両国の利益を尊重しあう具体的な案を真剣に検討し、議論することが大事です。よく指摘されることですが、海底資源といっても、五〇年もすれば枯渇するのです。その程度で枯渇するもので対立し、長期的な関係を壊してしまったら、それこそ実益を損なうことになります。ということを指摘し、次章に入っていきたいと思います。

コーヒーブレイク

空の境界をめぐって

さて、次章は、いまいちばん熱いテーマである尖閣問題です。これは、問題は単純なのですが、政治的な争いになっていて、みんな興奮しやすいのです。だから、その前に、少し熱を冷ましておこうというわけではありませんが、ちょっと脇道にそれておきます。

第一章で取り上げた竹島問題は陸地についての争い、そして第二章はガス田問題で海の争いでした。陸、海とくれば、次は空です。空は誰のものか。本書で取り上げるテーマの枠内ではないのですが、せっかくの機会だから簡単に説明しておきましょう。まとめて勉強したほうが頭に入りやすいでしょう。

陸地が誰のものかは、早い時期から問題になって、いろいろな考え方が生まれました。海も、漁業などは早くから営まれたので、ずいぶんと古くから問題になってきます。

でも、空が問題になるのは、二〇世紀になってからです。人が空を飛べるようになって、しかもそれが実用的なものになって、ようやく問題になってくるのです。第一次世界大戦後、**パリ国際航空条約**というものができて（一九一九年ですから、まだ一〇〇年もたっていない！）、領土と領海の上空はその国が排他的に主権を行使することを決めたのです。排他的というのは、これまでもでてきましたが、他の国をすべて排除して自分の国だけが、という意味です。

ただ、よく考えてみると、そんなことをいっていたら、飛行機は困ってしまいます。A国の上空に入るときはA国の許可を得て、B国にさしかかったらB国に連絡をとるなどというのは、現実的ではありません。しかも、飛行機のほとんどは国家が所有しているのではなく、民間航空会社のものです。

ですから、民間航空機による領空通過の自由とか、その航空機を管制するやり方の統一とか、そういうものが必要となりました。ということで、一九四四年、シカゴで国際会議が開かれ、**国際民間航空条約**ができます。その後、この条約をもとにして、いろいろな条約がつくられていくのです。

なお、軍用機の領空通過は、多くの方がご存じのように、やはり自由ではありません。アメリカが戦争するとき、欧州のなかでは領空通過を拒否する国がありますが、領空という考え方は生きているわけです。

でも、軍事衛星は、真下にどの国の領土があろうが、自由に地球の周りを回っていますね。なぜでしょう。それは、領空といっても、高さに制限があるからです。どこまでかというと、大気圏なのです（図2－9）。宇宙空間は別なのです。とはいっても、その境界をどこで引くかは微妙で、決まっていないのですけど。

一九六六年、国連総会の決議によって、**宇宙条約**ができました。この条約によれば、宇宙空間は誰のものでもなく、領有は禁止されています。誰もが自由に探査し、利用できますが、すべての国の利益のためになるものでなければなりません。平和利用の原則も定められています。

けれども、そこが偉そうに国際法と名乗っていても実力本位の本質があらわれてしまうのですが、核兵器などについていえば、地球に回る軌道に乗せてはならないこと、配備しないことが決められているだけです。一方、核大国がおもに戦争で使おうとしている大陸間弾道弾（ＩＣＢＭ）は、同じ宇宙空間を利用するものなのに除外されているのです。

ということで、もしかしたら、次に紛争が起きるとしたら、宇宙空間なのかもしれません。そんなことを主題にした本を書かないで済むように願っています。

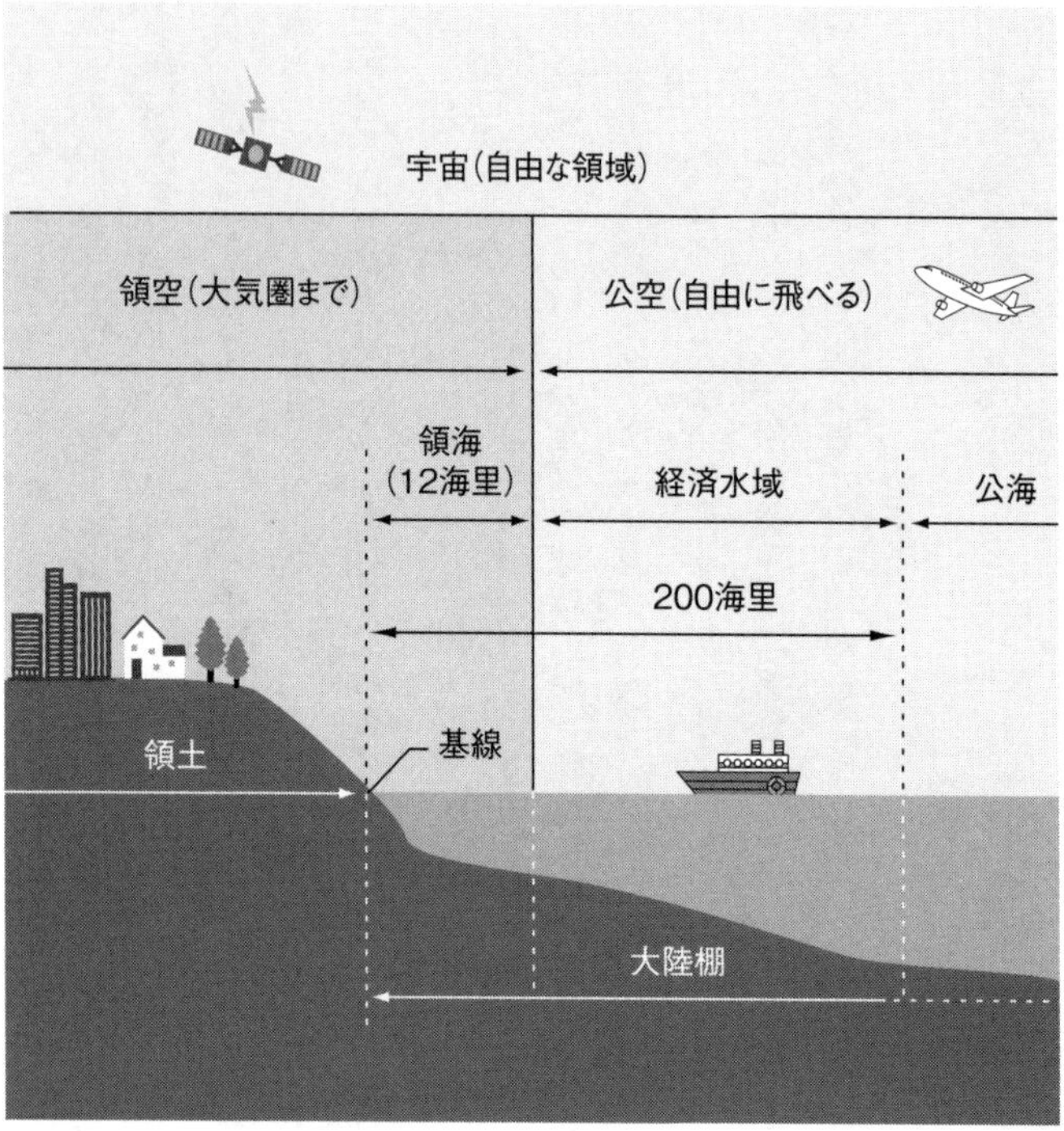

図2－9　領空の範囲

第三章
尖閣諸島問題

尖閣諸島

尖閣諸島の問題は、それが国際法上どこの領土かという点で考えると、とても簡単です。ほぼ疑いもなく日本のものです。これまでのべてきたように、竹島は国際法上も判定が難しい要素がありましたし、東シナ海の日中境界も明確には断定しがたい部分がありますが、尖閣諸島についていうと、そういう曖昧さはほとんどありません。

ただ、この問題は、「これは日本のものだぞ」と、いくら説得力をもって主張しても、中国にはなかなかその言葉が通じないという難しさがあります。また、中国が大国化し、東シナ海にまで軍事的に進出してくるようになってくるもとで、そういう中国とどういう関係を築くのかという構想なしに、尖閣の問題だけをとりあげても現実味が感じられないという問題もあります。

ですから、以下では、そういうことの全体を論じようと思います。それにしても、まずは、尖閣諸島が国際法上は日本の領土だという主張には、どういう根拠があるのかについてです。中国漁船が海上保安庁の船に衝突したあと、新聞やテレビでさんざん聞かされたことでしょうが、できるだけ整理して論じることにしましょう。

1　尖閣は疑いもなく日本の領土

●一五世紀以降の東シナ海

最初に、尖閣諸島が歴史に登場する時代について、少し想像をたくましくしてください。当時の東シナ海、尖閣諸島周辺の状況は、かなり特殊ですから、よく理解しておかないと、領土問題を理解できません。

一五世紀のはじめ、いまの沖縄に「琉球王国」が成立します。当時、中国は明の時代、日本本土は室町時代です。琉球王国は、地の利を生かして、周辺のアジア諸国との交易で栄えることになります（困ったことに、いまはアメリカが地の利があるからといって手放さないのです。しかし、沖縄はアジア諸国との交易にとっても最適の場所なので、基地がなくても沖縄は栄えます）。

当時の中国と周辺諸国の関係は、現在のような主権国家同士のものとは、かなり違います。形式的ではあっても、中国皇帝がいちばん偉く、周りの国の君主は、中国皇帝から任

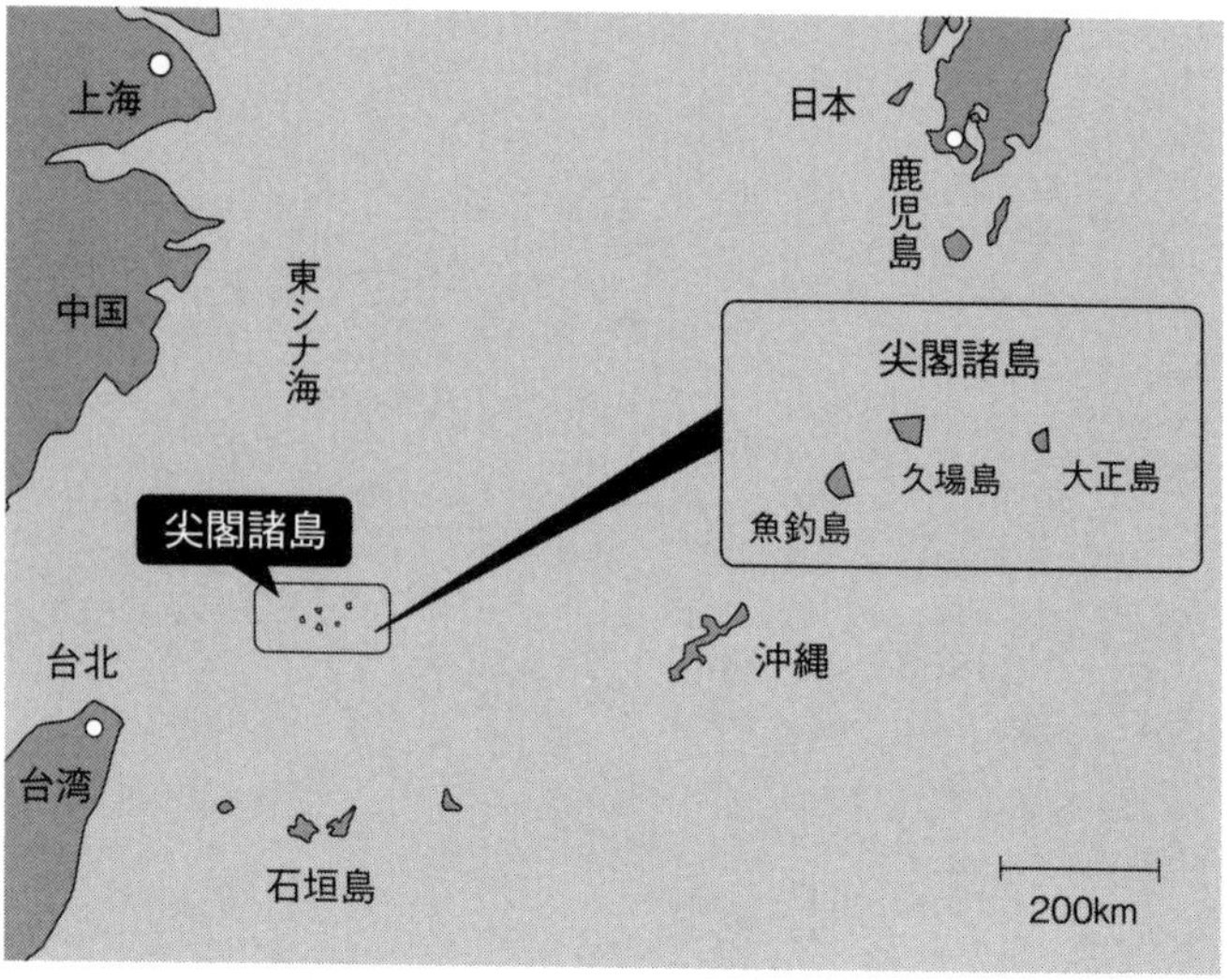

図3－1　尖閣諸島の位置

命されるという関係でした（これを「冊封《さくほう》」といいます。日本は例外でした）。

琉球と明の関係も、それと同じであり、琉球は、明の軍事的な庇護のもとに、交易をおこなうのです。明は、琉球の王が交代したりすると、それを承認するために使節を派遣したりします。

そういう関係ですから、明の側も、琉球の側も、お互いが船で行き来します。その航海の途中にあったのが尖閣諸島でした。お互いにとって、時として命がけになる航海をするにあたって不可欠な道しるべであって、まさに命綱のような役割を果たしていたといったらいいでしょうか（図3－1）。

●歴史的には中国が先に知ってはいたが

お互いが尖閣諸島を必要としていたとしても、日本と中国と、どちらが先に知っていたでしょうか。そういう角度で眺めれば、少なくとも現在までに発掘された資料をみると、中国のほうに分があるでしょう。

日本側の文献では、琉球王国の高官が一六五〇年に書いた『琉球国中山世鑑』と、同じく琉球の地理学者の手になる一七〇八年の『指南広義』のなかに、尖閣に関する記述がでてきます。また、一七八五年には、林子平が『三国通覧図説』をあらわしました。

一方、中国側の文献はどうか。中国側からはいろいろな文献が指摘されていますが、年代の明らかなものとしては、一五三四年、中国皇帝の使節が書いた『使琉球録』が最初でしょう。明らかに中国側の資料のほうが年代が古いのです。

しかも、琉球を含む日本側の文献は、中国側の資料に依拠しつつ、尖閣諸島の存在を明らかにしているだけのものです。他方、中国側の文献には、尖閣諸島を航海の目印にしていることが明確に書かれています。ただし、中国側の文献にしても、領有の歴史的な根拠となるようなことは書かれていません。

領有の歴史的な根拠と書きましたが、これが国際法上どんなことを意味するかは、竹島問題のところで紹介しました。人が居住しているとか、産業を経営しているとか、要するに実効的に支配しているということです。しかし、尖閣諸島自体は、外部からの支援なしに定住できるような島ではありませんでしたし、当時の漁業技術の水準では、尖閣を拠点にしても利益が得られるようなことはありません。ですから、尖閣諸島は、ただ航海の目印として認知されるだけだったのです。

竹島問題で見てきたことと、ほぼ同じです。したがって、尖閣諸島は、どこの国のものとはいえないまま、その領有問題が帝国主義の時代に持ち越されるわけです。

●「先占」は日本側だけの行為だった

一八八四年、日本人である古賀辰四郎という人物が、尖閣諸島を探検します。そして翌八五年、同島の貸与願いを申請し、アホウドリの羽毛の採取とか、周辺海域での漁業が営まれるようになります。

その後一〇年間、日本政府は、尖閣諸島の領有を検討し、沖縄県などを通じてたびたび現地調査をしたりします。そのうえで、一八九五年、尖閣諸島を日本領に編入するための閣議決定をおこなうのです。竹島問題で紹介したように、「無主地」の「先占」という行為です。

ただ、そのときも論じましたが、宣言するだけでは先占とまではいえません。実効支配が必要です。この点でも、日本側の行為は、先占の要件を満たすことになります。

先ほどの古賀氏は、政府の許可を受けて尖閣諸島に船着き場や貯水施設などを建設し、羽毛の採取などを事業化しました。事業になれば人も住むことになり、「古賀村」と呼ばれるようになります。その後は、かつお節の製造など新たな事業もおこなわれるようになり、最盛期には二〇〇人近い人々が尖閣諸島に居住して産業を営んでいたそうです。

●中国は抗議どころか感謝を表明

竹島の場合は、日本と同じ時期（というか日本より五年も前）、韓国の側が皇帝の勅令で竹島の領有を宣言しました。領有をめぐる日本側の行為に韓国が不満をもっていたことも、韓国の文献には明記されています。自国が植民地化されていく過程ではあったけれども、ただただ日本の行為を黙認していたわけではありません。

では尖閣をめぐる中国側の態度はどうか。何もないのです。古い時代に尖閣のことを記した文献はたくさんあると強調する中国が、この時期、日本の領有行為に反対したという文献は存在しません。関心をもっていたという記録さえありません。

それだけではありません。日本の領有宣言から二〇年以上がたった一九一九年、中国の漁民が尖閣諸島付近で遭難し、避難する事態が起こります。その時、尖閣に住んでいた日

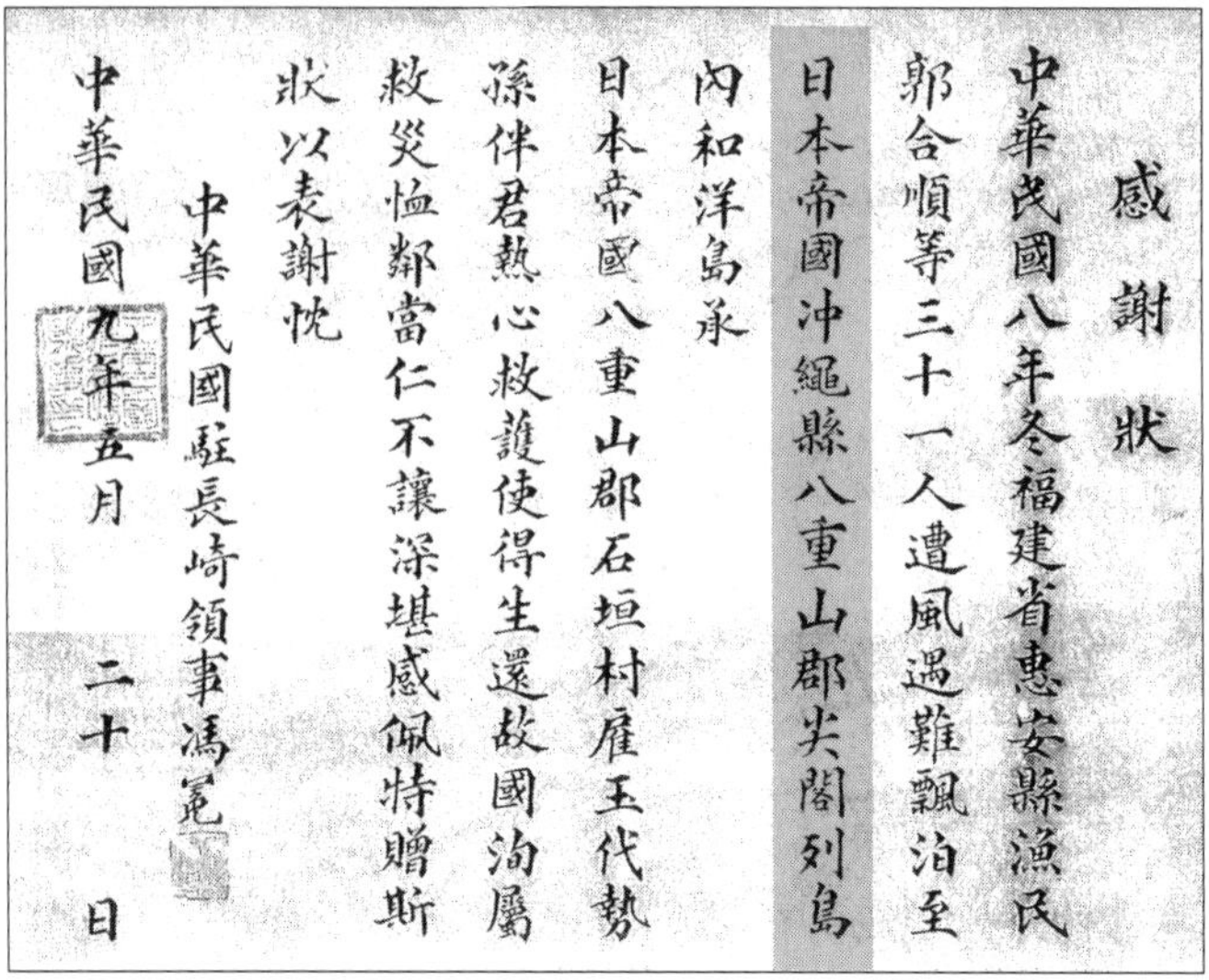

感謝狀

中華民國八年冬福建省惠安縣漁民郭合順等三十一人遭風遇難飄泊至日本帝國沖繩縣八重山郡尖閣列島內和洋島承日本帝國八重山郡石垣村雇玉代勢孫伴君熱心救護使得生還故國洵屬救災恤鄰當仁不讓深堪感佩特贈斯狀以表謝忱

中華民國駐長崎領事馮冕

中華民國九年五月二十日

図3－2　中華民国長崎駐在領事から届けられた感謝状。「尖閣列島」が日本の領土として明記されている（うすあみの部分）石垣市立八重山博物館提供。

本の住民が中国漁民を救助し、中国に送り返すということがありました。当時の中国の長崎駐在領事は、翌二〇年、日本に感謝状（図3－2）を贈るのですが、そこには「日本帝国沖縄県八重山郡尖閣列島」と書かれてあり、尖閣が日本の領土であるという認識が示されていたのでした。

さらに時代が過ぎて、第二次世界大戦後も、中国は、尖閣諸島の日本による領有に異議を唱えませんでした。それどころか、日本による尖閣の領有を認める態度をとってきました。

たとえば一九五三年一月八日、

政権党である中国共産党の機関紙である「人民日報」は、米軍占領下の沖縄の人びとのたたかいを報道しました。そのなかで、「琉球群島は、わが国台湾の東北および日本九州島の西南の間の海上に散在し、尖閣諸島……など七つの島嶼からなっている」と、尖閣諸島という言葉も使って、それが沖縄の一部であることを明言しています（図3－3）。この時期、中国で発行された地図でも、尖閣諸島は、中国領の外に記載されています（図3－4）。

●資源問題の存在が中国の態度を変える

尖閣諸島の日本による領有を問題にしてこなかった中国が、いつ態度を変えたのか。それは、よく指摘されているように、一九七〇年代初頭です。まず台湾が七〇年、続いて中国政府が七一年、尖閣諸島の領有権を主張したのです。

日本による尖閣諸島の編入から七〇年以上もたって、なぜ中国側が態度を豹変させたのか。そこには、ガス田問題のところで紹介したように、六九年、東シナ海で海底資源の存在が指摘されたことがあるといわれています。

「なんだ、そういう実益があるかないかで態度を変えるのか」「それなら中国の主張には何の理もない」と、中国を揶揄《やゆ》してはなりません。実益を大事にするのは、主権国家としては当然のことです。実益を犠牲にし、国民の税金をいくらでも使ってアメリカに思いや

資料

琉球群島人民反對美國佔領的鬥爭

琉球群島散佈在我國台灣東北和日本九洲島西南之間的海面上，包括尖閣諸島、先島諸島、大東諸島、沖繩諸島、大島諸島、土噶喇諸島、大隅諸島等七組島嶼，每組都有許多大小島嶼，總計共有五十個以上有名稱的島嶼和四百多個無名小島，全部陸地面積爲四千六百七十平方公里。群島中最大的島是沖繩諸島中的沖繩島（卽大琉球島），面積一千二百十一平方公里，其次是大島諸島中的奄美大島，面積七百三十平方公里。琉球群島綿亙達一千公里，它的內側是我國東海，外側就是太平洋公海。

美國在一九四五年六月佔領了琉球群島後，就濟手在該島建築軍事基地。隨着美國在亞洲大陸上侵略計劃的發展，琉球基地的建築工程也就更趨積極起來。遠在美國發動侵略朝鮮戰爭前，美國在琉球群島的軍事工程就已佔用了琉球三分之一的土地，琉球用作建造基地的費用超過了兩億美元。其後，琉球基地的建造計劃一再擴大，而且以更大的速度進行着。一九五一年六月二十二日「美國新聞與世界報道」雜誌曾透露出美國侵略者的野心：「美國在沖繩島的目標是用空軍獨霸亞洲，要使它成爲太平洋的最大基地。由沖繩島起飛，B二十九型轟炸機能達到亞洲大部分內陸地區，轟炸半徑可能包括中國全部和西伯利亞大部地區——包括西伯利亞大鐵路。B三十六型轟炸機則可達到更遠的距離。」去年九月八日，沖繩島的美國官員竟公然宣佈：「用來將沖繩島改變成『太平洋的直布羅陀』的全部經費將近四億八千萬美元。建築工作正在按計劃進行，防禦區的公路、飛機場、兵營、司令部以及其他軍事設備，將遍佈全島。」另一方面，據不久前日本的報紙消息稱：美國在沖繩島那霸港入口處的浮島神社下，已修建了具有八萬噸容量的三個地下油庫，沖繩島週圍各島都散佈着基地，共修建有二十幾個大型飛機場，並且在奄美大島、宮古島、沖之永良部島等島嶼上都設置了雷達。許多島上都建成了兼作飛機跑道用的軍用公路。而美國通訊社也早經不止一次地承認：「美國B二十九型轟炸機，每天都從沖繩島起飛去襲擊北朝鮮」。

與建築及使用琉球軍事基地同時，美國侵略者積極陰謀永久霸佔琉球群島。美國佔領琉球後不久，就獨攬了琉球的一切政權。去年以來，美國侵略者竟不顧「開羅宣言」、「波茨坦公告」等各項國際協議中都沒有規定託管琉球群島的決定，也不顧蘇聯政府和中華人民共和國政府的一再聲明，更不顧一百萬琉球人民的堅決反對，竟勾結日本吉田政府，擅自在它片面製訂的對日「和約」中規定：「日本對於美國向聯合國提出將北緯二十九度以南的琉球群島……置於聯合國託管制度之下，而以美國爲唯一管理當局的任何提議，將予同意。在提出此種建議，並對此種建議採取肯定措施以前，美國將有權對此等島嶼之領土及其居民，包括其領水，行使一切及任何行政、立法與司法權力。」美國以這樣卑鄙的手段擅自爲其無限期霸佔琉球群島的侵略行爲披上「合法」的外衣後，並於去年四月一日在島上建立了以比嘉秀平爲首的琉球傀儡政府。七年多以來，美國侵略者用極其野蠻橫暴的手段，

図3－3　1953年1月8日付の中国共産党機関紙「人民日報」。「琉球群島」に尖閣諸島が含まれることを明記（傍線部分）。田中邦貴氏提供（http://tanaka-kunitaka.net/senkaku/ より転載）

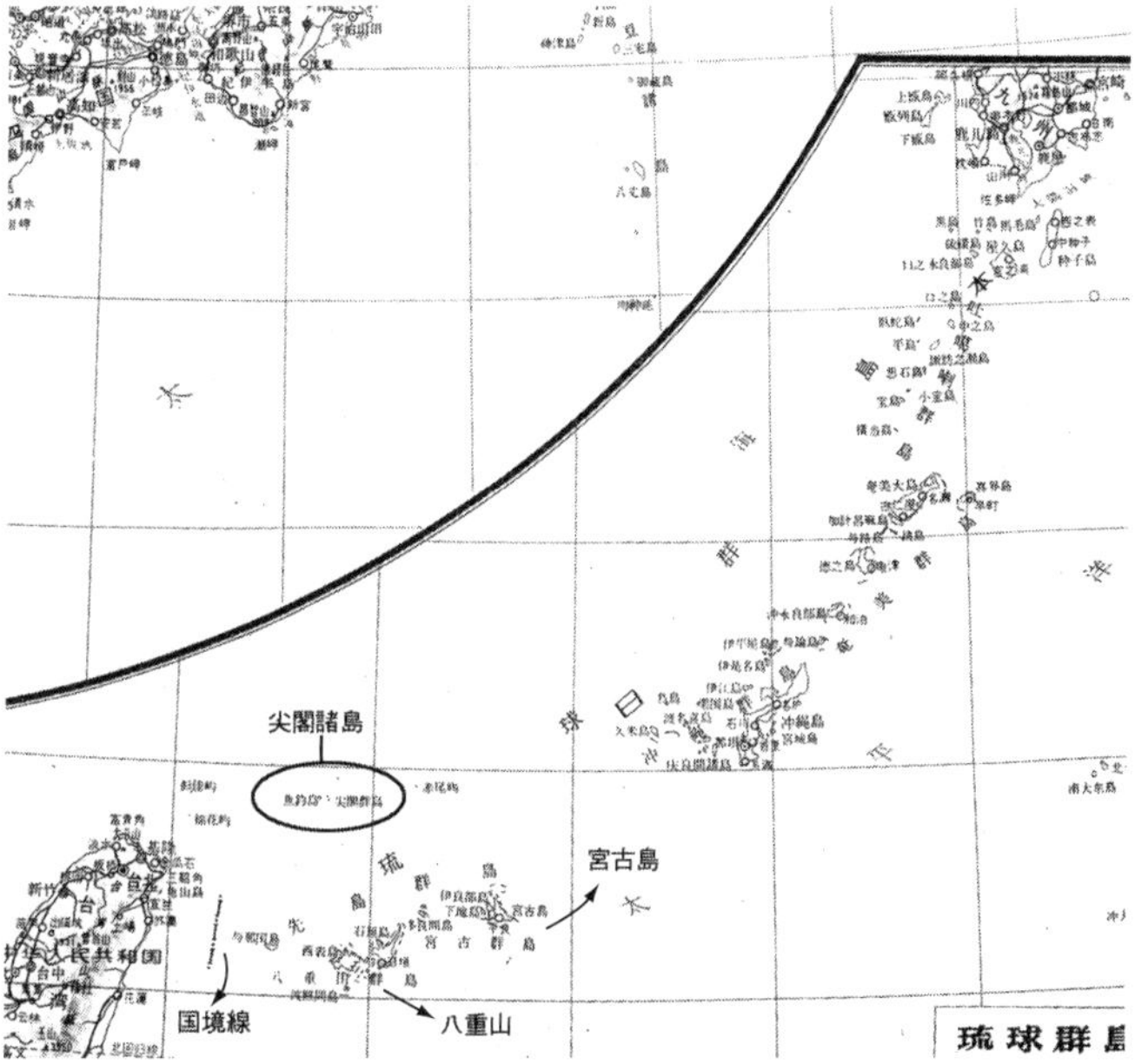

図３－４　北京市地図出版社から1958年に発行された「世界地図集」には尖閣諸島は日本の領土となっている

り予算を提供する国よりは、国家として少しはまともな面があるのかもしれません。そして、意欲をもって事実関係を調べてみれば、中国の領有を示すような新証拠が発掘されることだってあるのですから、軽視してはなりません。竹島問題にかける韓国の熱心さは、まさにそういう種類のものです。

こうして、中国側が主張しはじめたことの一つが、先ほど紹介した過去の文献にもとづく領有権主張でした。ただし、その程度の文献によっては、尖閣諸島に対する中国側の領有の根拠とならないことは、すでにのべたとおりです。

もう一つ、中国側の主張では根拠が示されます。一八九五年の日本による編入措置の不当性という問題です。日本の領有（一八九五年）は、日清戦争（一八九四年〜九五年）と時期的に重なっており、日本が戦争に勝って台湾などを割譲させた一環としての行為であるというものです。そして、第二次世界大戦後のサンフランシスコ条約で日本が過去の戦争の不法性を認め、戦争で獲得した領土を放棄した以上、尖閣諸島の領有も認められないというものでした。

●日清戦争による領土拡張とは無縁

もし、中国の主張が正しいなら、尖閣諸島は中国のものです。ただちに中国に返還すべきです。

しかし、事実は違います。台湾などの割譲を取り決めた日清講和条約（下関条約）は、一八九五年三月から締結交渉が開始されましたが、尖閣諸島の日本による編入措置は、その二カ月前、一月に宣言されたものです。ですから、当然のこととして、下関条約では台湾などの割譲は決められましたが、尖閣諸島については問題になりませんでした。

いや、他国の領土を奪うという行為は同じであって、台湾は条約で奪い、尖閣は一方的宣言で奪ったのだ、という見方もあるでしょう。でも、台湾のように人も住み、産業も営まれているところと尖閣諸島とは、まったく性質が異なります。尖閣諸島のようなほんものの「無主地」を領有することは、帝国主義時代につくられた国際法によるものだとはいえ、不自然ではないのです。

日本政府が、台湾と尖閣とでは異なる領有方式をとったこと自体、その二つに性格の違いがあると考えていたからでしょう。もし、当時の日本政府が、尖閣は中国領だと認識していたのなら、台湾と同様、割譲することを中国に認めさせたほうがより確実ですから、一方的な宣言で奪っただけではなく、条約によっても領有を確認することを選んだだろうと思われます。そういう選択肢をとらなかったのは、やはり尖閣は無主地だと考えていたからではないでしょうか。

●中国も問題にしなかった

しかも大事なことは、当時の中国政府の対応も、日本側の認識とあまり変わらなかったように思えることです。何かというと、下関条約の締結交渉の過程です。

中国にとってみれば、戦争に負けたとはいえ、その代償として日本に何を差しだすかは、交渉にかかっていました。日本による領有は、日本の武力を背景にしたものであって、武力に劣る中国側は抗議できなかったというなら、中国は交渉において何もいえなかったはずです。ところが、その中国政府は、賠償金はガマンするにしても、領土を奪われるのはいやだということで、台湾などの割譲には猛烈に反対するという態度をとるのです。

しかし、その中国政府が、同じ下関条約の交渉過程で、数カ月前の尖閣諸島の日本による編入には、一言も抗議していません。台湾と尖閣諸島は別物だという認識があったのだと思われます。

こうして、日本の尖閣諸島の領有は、中国からの抗議を受けることなく開始されるのです。その後も、何の問題もないまま継続することになります。

●戦争に勝利しても問題にせず

いやいや、戦争に負けた国としては、死活的な利益のかかる台湾については発言できても、そこまでの重要さのない尖閣のことまでは言及できなかったということもあるでしょう。しかしそれなら、第二次世界大戦では、中国は連合国の一員として日本に勝利したわけですから、その時点で領土の返還を要求すればよかったのです。

実際、中国がアメリカ、イギリスとともに発したカイロ宣言（一九四三年）やポツダム宣言（一九四五年、後にソ連が参加）では、台湾などを中国に返すべきだと求めています。ところが、どちらの宣言も、返還を求める領土のなかに尖閣諸島は含んでいませんでした。そして、日本がポツダム宣言を受諾して連合国に占領されても、尖閣諸島は中国に戻されることはなく、沖縄の一部としてアメリカの支配下に置かれることになります。

一九五一年のサンフランシスコ条約においても、尖閣諸島は、沖縄とともにアメリカの施政権下におかれます。アメリカは、地代を支払うことと引き替えに、尖閣諸島を射撃場として使用していました。尖閣諸島は、占領下においても、沖縄の一部としてあつかわれたということです。だからこそ、一九七二年に沖縄が日本に返還されたとき、尖閣諸島の施政権も日本に移され、今日に至っているのです。

サンフランシスコ条約締結を前に、中国では中華人民共和国が成立するという変化があり、アメリカの思惑もあって、中国はこの条約に参加できませんでした。戦後の平和条約というのは、すべての交戦国が参加して、新しい平和秩序を決めるものであって、日本の最大の交戦国であった中国が参加しない条約は、本質的に欠陥条約です。ですから、中国政府も、サンフランシスコ条約は無効だと表明します（一九五一年）。

けれども、新しい中国政府も、この条約にともなって尖閣諸島がアメリカの施政権下に置かれたことについては、何も問題にしませんでした。先ほど紹介したように、尖閣諸島を日本領だと認めていた文書も残っています。中華民国政府であれ、中華人民共和国政府であれ、尖閣諸島を日本が戦争で奪った領土だなどとは、少しも思っていなかったということです。

やはり、どこをどうみても、尖閣が中国のものだという論理は成り立ちません。日本は、中国が何をいってきたとしても、堂々としていればよいと思います。

2　主権と協力とのバランスを

●何を中国に提起すべきか真剣に考える

尖閣諸島に対する日本の領有権は、以上みてきたように明確です。しかし、だからといって、それを何回繰り返しても、中国との間での軋轢《あつれき》がなくなる見通しはありません。中国が領有権を主張するようになってから約四〇年が経過し、何かあるたびに日本側の見解は伝わっているのに、中国側の見解は変わりません。

いや、変わらないのはいいのですが、議論がかみ合わないのです。韓国との間にある竹島問題では、韓国側は、竹島が自国の領土であることを論証するため、国際法上の新根拠をいろいろと提示してくるのですが、中国の尖閣問題での主張は、同じ中身を、同じ証拠を使い、ただただ繰り返しているだけです。最近の漁船衝突とその後の対応についても、中国は国際的な批判にさらされましたが、動じる様子はありません。

つまり、国際法上の論拠を真剣に探そうとする態度がない。それなのに、尖閣が中国の領土であるという態度だけは、きわめて確固としています。何が起ころうが、どんな批判を浴びせかけられようが、絶対に態度は変えないのだというわけです。

これに対して、ただ日本のこれまでの主張をくり返していても、中国側も同じ主張を展開し、同じような行動をしてくるだけでしょう。とりわけ、日本政府は、「領土問題は存在しない」といって、この問題を中国と議論すること自体を避けようとしますが、そういうやり方では、中国漁船の衝突事件のようなことが再び起こるのを防ぐことはできないと思われます。

そんな事態は二度と目にしたくありません。中国批判を飯の種にしているような人にとっては、そういう状態が続くほうが得であって、シメシメということなのかもしれません。でも、問題を解決したいと願う人ならば、中国に何を提起し、何を議論するのか、いま根底から考えるときが来ているように思います。

●中国は迷っている

私には、中国は迷っているように感じられます。国際的なルールに従うべきか、あるいは自国の権益を貫くべきか、その狭間にあって悩んでいる。軍事力を誇示する一方、尖閣周辺に漁船は送るけれども海軍が進出してこないのも、そんなことをすれば取り返しのつかない事態になることは、ちゃんと自覚しているのだと思います。

中国は特殊な国です。というか、どの国も独自の特徴をもっているのですが、中国の場合、影響力が大きいだけに特殊性もきわだちます。

歴史的にみて、早くから文明国家となり、もともと底力はあります。人口も格段に多いわけですから、近代において、最大の強国になってもおかしくなかった。しかし、いろいろな事情が重なって国力が衰退し、列強から半植民地のような状態にされてしまいます。とりわけ、ずっと属国とみなしてきた日本との間で、日清戦争にやぶれて台湾などを奪われ、一九三〇年代の後半から大規模な侵略を受けたことは、かつての栄光があるだけに、すごい屈辱感を残したと思います。戦後も、共産党政権のもとで、文化大革命などのむちゃくちゃな政策が実施され、なかなか浮上できませんでした。

いまの中国は、そういうどん底から、ようやくはい上がった状態です。はい上がって、主権国家として、他の主権国家と向き合うようになりました。そういう状態というのは、中国にとって、初体験なのです。

いま、中国がはじめて体験している世界は、中国にとって、かなり受け入れがたいものでしょう。自分が列強にいじめられている時代に生成した国際法が、わが物顔にふるまっているのです。そして、「航海の目印にしただけでは領土とはいえない」などと、気持ちを逆なでするような主張が渦巻いているのです。

領土問題に限らず、中国が国際ルールに従わないという指摘は、いろいろな分野でみられます。そこには、このような事情が反映していると思うのです。

●第二次世界大戦前の日本と似ている

こういう状態は、日本が国際社会に登場したときと、同じだとまではいいませんが、少し似ていると思います。日本にとっては、国力をつけて世界と渡り合える国になってきたら、すでに世界中が列強の植民地になっていたのです。そして、それまでは、武力で植民地をつくるやり方は国際法で許されるということだったのに、世界中が列強によって分割されてしまうと、こんどは武力の行使は違法だというルールに変わろうとしていたのです。なんと身勝手な国際法か！

それでは不満だということで、日本は、どんどん海外に武力で進出します。国際ルールを無視し、資源も武力で獲得しようとする。その結果、世界と衝突することになったわけです。

いま中国が世界で資源を買いあさっていることが問題になっています。当時の日本と違って、武力を使っていませんし違法ではないのですが、そういう行為は、市場で資源を売買するという通常のルールに従っていても、いつか世界が中国への販売を禁止するかもしれないという恐れから来ているのかもしれません。尖閣問題での日本の対応に不満だということで、レアメタルの日本への輸出を差し止めた国ですから、他の国も自分に同じようなことをするだろうと感じるわけです。蟹は甲羅に似せて穴を掘る、といいます。それと同じです。

だからといって、私は、中国に同情しろといっているわけではありません。戦前の日本のことを考えても、すでに武力行使をしてはならないというルールがつくられようとしていたわけですから、そのルールに従うべきだったと思います。それと同様、中国も、現在の国際法に従うべきなのです。

●中国は国際法を変革するだけの力をもつか

ただし、日本と中国の違いは、現在の中国は、当時の日本と比べ、世界的な超大国になる可能性を秘めているということです。中国にもその自信があるようにみえます。もしかしたら、領土を決める国際法についても、自分が力をつければ変えられると思っているかもしれません。

実際、国際法というのは、国際政治の力関係を反映し、変わっていくものです。たとえば、帝国主義が強い時代、列強が世界各地で企業を興しましたが、それは神聖なものであり、現地の人びとが我がものにすることは許されませんでした。けれども、第二次世界大戦後、植民地の独立が相次ぐなかで、それらの企業が国有化されるという事態が世界中で進行します。欧米各国は、それは国際法上あり得ないことだとして、その認識を国連国際法委員会の場で条約化する作業を開始します。ところが、植民地から独立した国が大挙して国連に加盟し、国際法委員会にも影響をおよぼすようになると、結局は、正当な補償があれば外国企業の国有化も合法だという認識が広がっていくわけです。

領土をめぐっても、すでに紹介したように、国際法上の考え方は変わってきました（二七〜二九ページ）。中国はどんどん力をつけてきていますから、国際法にも影響を与え、領土の新しい基準を提唱する可能性だってあります。日本側より古い文献に出てくるとか、航海の目印にしていたというだけで、領有権を主張するには十分だという方向に国際法を変えたいというのが、中国の考え方なのかもしれません。実際、航海の目印になるのと、その島を拠点に漁業を営むのと、本質的にどう違うかと問われれば、なかなか難しい面はあるでしょう。

さあ、どうしたらいいのでしょうか。

●領土をめぐる国際法は変わらない

大事なことは、国際法は不変ではないけれども、領土をめぐる現行の国際法は尊重するべきだということです。そのことは、くり返し中国側に提起し、説得していく必要があります。

なぜなら、たとえ将来的に変わりうるとしても、いまはいまです。現在の国際法では、いち早く島の存在を認識していたというだけでは、領有の根拠にはなりません。そして、領有をめぐる基準が二つも三つもあっては、紛争を助長するだけです。強者の論理、帝国主義の論理だとはいえ、現在の国際法にもとづいて領有権を決める以外のやり方は存在していません。そう考えたとき、古い文献を根拠とした中国側の主張は、将来どうなるかはともかく、現在は通用しないのです。

しかも、では将来、尖閣諸島は中国のものだという方向で国際法が変わる見通しがあるかというと、まずあり得ないでしょう。たしかに、帝国主義時代といまとでは、領土の国際法は変わりました。かつて戦争や「先占」によって取得された領土は、人民の自決権を基準にして、その地域に住んでいた人びとのものとなりました。

でも、その新しい国際法の基準によっても、尖閣諸島が中国のものだという考え方は生まれなかったのです。そして、領土の変更というのは、戦争にもつながりかねない重大な問題ですから、変更自体が難しくなっています。

一九七〇年、国連総会で「友好関係原則宣言」というものが採択され、いまでは国際法の原則だとみなされるようになっています。この宣言では、「武力による威嚇又は武力の行使の結果としてのいかなる領土取得も、合法的なものとして承認されてはならない」とされ、領土の変更が予定されているのは武力で奪った場合だけだということになりました。尖閣諸島は、いかなる意味でも、そういう性格のものではありません。

●日本は国際法の大切さを説ける経験がある

中国は、やはり、現行の国際法を尊重し、大切にする国にならなければなりません。大国になればなるほど、それが求められます。

周りのすべての国が、それを中国に説くべきです。とりわけ日本は、二重の意味で、説得力をもってそれを説くことができるはずです。負の経験があるからです。

一つは、国際法を守らず、侵略にふみきった過去があるだけに、その結末をよく知っているということです。日本は、国際法を踏みにじることがもたらす重大な影響を、自分の痛苦の体験として語り、中国を説得していくことができるでしょう。そこに日本でしか果たせない役割があります。

もう一つは、その過去というのは、まさに中国に対する侵略であって、それを語るということは、侵略の過去が間違っていたことを、中国に語るということなのです。中国は、尖閣諸島が日本の侵略によって奪われたと主張し、それを自国の領土であることの論拠としています。だから日本は、侵略の過去を反省しているということを明確にしつつ、同時に、尖閣は侵略によって奪ったものではないことを語っていくべきなのです。その主張が説得力をもつためには、中国に対してしかけた戦争が侵略であり、間違っていたという認識が、どうしても欠かせないと思います。

それにしても、侵略の過去を反省しきれない日本政府には、そういう大事な仕事はできないかもしれません。ですから、市民運動の出番だと思うのです。日本政府がどういう認識に立っているかは別にして、日本の国民は侵略を反省していること、しかし尖閣はそういう問題とは性格が異なることを、中国の国民に対して語り、お互いの認識を高めていくべきでしょう。

●主権を曖昧にして共同で管理するか

尖閣諸島をめぐる日中の紛争を前にして、融和的な考え方があります。そんないさかいをくり返すのではなく、主権などというナショナリズムを排し、共同で管理したらどうかというものです。

確かに、隣国である中国との関係は、できるだけ友好的であってほしいものです。ましてや軍事的な衝突など起こってほしくはありません。可能ならば、いろいろな問題で協力し合うということは、めざすべき方向だとは思います。

しかし、尖閣をめぐる対立というのは、日中が主権を譲り合わないところから起きているのでしょうか。あるいは、各国が主権を貫くと、友好関係は保てないのでしょうか。

そうではありません。ずっと将来の世界がどうなるかはわかりませんが、現在の世界では、平和と安定というのは、各国の主権を尊重するうえに成り立っています。もし、どの国の主権も存在しない地域というものがあれば、自分のものにしようとする奪い合いが起こって、それこそ紛争だらけになるでしょう。

たとえば、二章でガス田問題をあつかいました。白樺ガス田は、日中の主張が交錯する地域にあったのです。それでも、中国の国内法にもとづき日本企業が参入すると決まったということは、日本は中国側の主権を認めたのです。微妙な地域であっても、中国側が資金を投入し、開発し、実効支配してきた場所だからです。主権を認めたうえで、協力し合う道に踏み出したのです。主権と協力は対立する概念ではありません。もし、主権を曖昧にして協力し合おうということだったら、中国側の同意は得られず、対立が続くことになったでしょう。

●主権を大切にしながら、協力の提案を

こういうことを書いていくと、尖閣は日本のものだから中国が関与すべきでないのか、それが私の考え方なのかと思われるかもしれません。違うのです。私は、以上のような立場にもかかわらず、尖閣諸島は、中国と協力し合って開発する場所にすべきだという立場です。

まず結論をいうと、白樺ガス田と同じような考え方で対処すべきだということです。二章でのべたことを思いだしてください。白樺ガス田は、日中の共同開発の対象ですが、他の地域とは違っていました。中国の国内法にもとづき、日本企業が参加するという方式をとった場所です。

尖閣周辺に対して、これを同じような考え方を適用し、日本の国内法にもとづき中国が開発に参加する場所にすべきではないか。周辺の海底にあるとされる資源を協力して開発すべきではないか。これが私の提案です。これには、いろいろなメリットがあります。

まず、行き詰まっている東シナ海ガス田問題を、なんとか打開するカギになるのではないでしょうか。共同開発の合意から二年が過ぎても、この合意が具体化されるメドがたっていません。それは、中国はもちろん、日本の実益にとっても損害です。だから、尖閣問題で中国側に有利な提案をすることによって、東シナ海の膠着状態を動かそうというのが、私の考えです。

尖閣周辺の共同開発それ自体も、日本にとって意味があります。共同開発の方式にもよりますが、中国に対して出資を求めることも可能です。率直にいって、いまの日本は財政赤字で、巨大な国費を投じて開発する経済的な余裕がありません。だから、中国の資金と日本の技術を組み合わせて開発することで、お互いの得意分野を生かすことが可能です。

中国のお金を使って尖閣周辺の開発ができ、しかも中間線付近のガス田開発にも弾みがつく。日本にとっては、うまみがいっぱいです。

●実効支配の継続で主権が明確になる

中国にとっては、燃え上がるナショナリズムを冷却する材料にもなります。なんといっても、現在は中国の漁船などが入れば日本の海上保安庁に追いだされる尖閣周辺が、中国も出入りできる地域になるわけです。日本がそこまで譲歩するのだったら、ガス田問題で自分たちも譲歩しようかという気持ちになることもあるでしょう。

そんなことをすれば、尖閣に対する中国の支配ということにつながるのではないか。そう心配する方もいるでしょう。いえ、まったく心配ありません。

実際は、この考え方は、実質的な譲歩ではありません。なぜなら、日本の国内法にもとづき、中国側を参加させるからです。

そういう状態が、これから何十年続いても、尖閣諸島を日本が実効支配しているという事実は少しも変わりません。それどころか、時間がたてばたつほど、日本の国内法にもとづいて中国が参加するという図式が固定化し、日本の支配は確固としたものになるのです。

私は、現在の中国政府は、かなり実利実益を判断できる政府だと思います。ところが、いろいろな事情があって、国民的なナショナリズムが噴出し、それを抑えることが難しいのです。抑えようとすると、政権批判の渦が巻き起こってくるので、微妙な立場にあります。

この提案は、そこを助けてあげることができます。尖閣に自由にアクセスできるようになっていくということで、言葉は悪いですが、「ガス抜き」ができるわけです。そうやって、中国世論を軟化させ、ガス田問題で実利を獲得しながら、尖閣の主権問題では譲歩しないというのが、この提案の核心だということです。

さあ、どうでしょう。

でも、これだけでは、中国の軍事大国化という現実の前には、説得力に欠けるでしょう。そこで、軍事面での検討に入っていきたいと思います。

3　安全保障を共有する関係に

●東シナ海への中国の軍事的進出

日本の多くの方にとって、中国とは、ただ国際ルールが通じない国だというだけではないと思います。軍事面でどんどん強大化していく現実が目の前に展開されており、そこに不安とか、不気味さを感じている方も多いでしょう。

実際に最近、第一列島線とか、第二列島線とか、耳慣れない言葉が聞かれるようになりました。日本周辺に勝手に「線」を引き、軍事的に進出することをめざしているわけです。いまは漁船が尖閣にくるだけですが、そのうち軍艦までやってくるのではないかと、多くの人が心配していることでしょう。

中国にも言い分があることはわかります。中国が望んでいるのは、台湾への影響力であって、軍事力を強化する目的も、主要にはそこに存在すると思うのです。

中国にとって、台湾というのは死活的な地域です。日清戦争で日本に奪われましたが、第二次世界大戦では日本に勝利したので、当然、台湾は中国に返還されるものだと思っていたはずです。実際、カイロ宣言とかポツダム宣言では、中国に返還されると明言されていたのです。ところが、戦後、中国で国民党政権と中国共産党の内戦が起き、共産党が政権について国民党が台湾に逃れると、事情が変わります。サンフランシスコ平和条約は、台湾を日本が放棄することは明記しますが、その台湾をどこに帰属させるかは曖昧にしました。その結果、台湾を国民党政権が支配しているという現実が動かしがたいものとなり、大陸の共産党政権は手をだせない状態が続きました。

●台湾をめぐる米中の対立のなかで

アメリカは、台湾関係法という法律を制定しています。一九七九年に米議会で成立したこの法律は、「同地域の平和と安定は、合衆国の政治、安全保障及び経済的利益に合致」（第二条）するとして、「台湾人民の安全や社会、経済制度に対するあらゆる脅威」「米国の利益に対して引き起こされるあらゆる危険」が発生した場合に、「適切な行動を決定」することを政府に義務づけています（第三条）。つまり、台湾有事の際には軍事力を展開することを想定した法律です。少なくとも法律上、建前上は、中国が台湾を武力で獲得することは許さないというメッセージを発しているわけです。そして、武器を台湾に輸出するなど、軍事的な関係を維持しています。

中国は、ほんらいは自分の領土である台湾がそういう地位に置かれていることについて、不満をもっています。そして、台湾が独立を宣言するようなことがあれば、武力で阻止することを、これも国内法で定めています。だから、台湾周辺の海域において、有事にはアメリカに打ち勝つことのできる軍事力を構築することをめざしています。それだけの軍事力をもとうとすれば、台湾周辺の狭い海域だけではなく、第一列島線とか、第二列島線などの広い海域で展開できる軍事力が必要となるのでしょう。

●中国の軍事的な膨張をどうみるか

私は、そういう中国の軍事力の展開を、肯定してはならないと思います。アメリカがこの地域に軍事力を展開し、その使用を想定しているのが肯定できないのと同じように、中国側の行為も許されてはなりません。

もし、その結果、ほんとうに武力が行使されたらどうなるでしょう。いくら中国にとっては国内問題という要素があるからといっても、この地域における軍事力の使用は平和と安定を乱す行為です。ましてや、同胞である台湾の人びとに武力を使用したとなったら(あるいは、それを想定しているというだけでも)、台湾の人びととの離反は決定的なものとなり、台湾を中国の一部にするという自分たちの目標も達成できないでしょう。

しかも、中国の軍事力の拡大は、日本の国民にとっても受け入れがたいことです。たとえ、台湾問題で優勢に立つことが中国の軍事力拡大の目的であるということが明確であったとしても、展開する地域は日本周辺を含む広大な海域です。しかも、アメリカの軍事力に打ち勝つことが目的ですから、半端な軍事力ではありません。それだけの軍事力が目の前にあらわれるということが予想されれば、目的のいかんにかかわらず、日本の人びとが不安をもつのは当然だということになります。

さらに大きな問題は、中国の軍事力の展開が、ほんとうに中国にとっての国内問題である台湾問題にかぎられたものかどうかに疑念があることです。尖閣諸島問題をはじめ、中国は周辺諸国との問題を軍事力で解決することを想定し、軍隊を増強しているのではないか、太平洋に進出しようとしているのではないかという疑惑が払拭できないのです。

こんなことを紹介すると「反中か」といわれそうですが、あえて指摘しましょう。最近、中国海軍の司令官が、尖閣諸島の名前をあげ、「わが国といくつかの国々は……主権争いがある」としたうえで、「強大な海軍を建設しなければならない」（『求是』〇七年一四期）などと発言しています。自国の軍事力強化が、ただ台湾問題が目的ではなく、尖閣をめぐる日本との争いをも想定したものであることを告白しているのです。もちろん、中国の政府と共産党の中枢部全体が、尖閣のために海軍を強化しようとしているとは思いませんが、少なくとも軍部の動向については、誰だって不気味さを感じるでしょう。

●台湾への軍事的介入を想定する自衛隊

ただし、このような中国の態度をみて、ただただ中国が悪いのだと主張するとしたら、公平さを欠くことになります。アメリカが軍事力で対抗するという方針をもっているというだけではありません。日本だって、そのアメリカといっしょになって、軍事力で中国と対抗しようとしています。

いまから一五年も前になりますが（一九九六年）、台湾での国政選挙にあわせて、中国が周辺で軍事演習をおこない、事態が緊張したことがありました。アメリカも空母を派遣し、一触即発の事態だったのです。その際、海上自衛隊は対潜哨戒機P３Cを、航空自衛隊は早期警戒機E２Cを、それぞれ実際に台湾周辺海域にまで飛ばして情報の収集につとめました。その翌年六月、久間防衛庁長官（当時）は、この事態における自衛隊の役割について問われ、「日ごろ行っている情報収集あるいは警戒行動で出てきたものは今おっしゃられましたように、自動的につながっていて、アメリカ軍にわたっているわけでございますから、それをある時点でとめる、とめないということはなかなか難しい問題です」（九七年六月一一日、衆議院外務委員会）として、自衛隊が集めた情報を米軍に伝えていたことを認めました。まさに、日米が軍事的に一体となり、中国と対抗していたのです。

その後もいろいろな動きがありました。たとえば、一九九九年、日本の国会が制定した「周辺事態法」。「周辺」で日本の平和と安定を乱す事態が発生したとき、軍事力を展開するアメリカを支援することが、この法律の目的です。それは台湾における事態を含むのかどうかということが、たびたび問題になりましたが、政府は一度も否定しませんでした。中国は、いざというとき、自衛隊が台湾海峡に進出してくることについて、大きな疑惑をもったことでしょう。現在、米軍再編という、あまり聞き慣れない日米の軍事協力がすすんでいますが、これもこうした方向の具体化にほかなりません。

●中国を対象にした防衛大綱の問題点

その動きは、いまも続いています。とりわけ、尖閣諸島周辺での中国漁船による海上保安庁艦船への衝突事件は、日本側のこうした軍事的対応を、さらに加速させているようです。

事件の直後から、日本政府は、尖閣が安保条約第五条の対象地域だと強調してきました。安保第五条は、日本（の施政下にある地域）が武力攻撃を受けたとき、日米が共同作戦を発動することを定めています。尖閣諸島は日本の施政下にあるので、中国が侵入するようなことがあれば、米軍と自衛隊が一体となって反撃するぞというわけです。

さらに、昨年（二〇一〇年）末に政府が決めた防衛計画の大綱は、対中国を想定して自衛隊の配置や体制を再編することを打ちだしました。南西諸島周辺での防衛体制を強化するため、機動力ある部隊をこの地域に配置するという方向も明確にされました。

このような方向は二つの問題があると思います。一つは、離島防衛のあり方が、かなりずれていることです。

第二次世界大戦において、太平洋上の諸島に配置された日本軍の末路は、多くの方が知っているでしょう。離島というのは、小規模な部隊しか配置できないし、補給路が断ち切られると孤立してしまうので、防衛しにくいのです。ですから、ほんとうに南西諸島が乗っ取られることを心配しているのなら、その島に小規模な部隊を置くのではなく、比較的遠方に大規模な部隊を配置しておき、いっきょに奪い返すほうが、軍事的にみて損害が少なく、合理的なやり方だと思われます。

しかも、こうしたやり方は、中国との間で一触即発の危機を生みだすことになりかねません。目の前で相手国の軍事力が増強されたら、自分もそれに対抗しようと思うのは、どの国でも同じです。

●安全保障をシェアするとは？

もちろん、先ほど紹介したように、中国は、尖閣諸島を念頭に置いて軍事力を強化すると明言しています。ですから、その中国の軍拡路線をそのままにして、日本だけは軍事的対応を慎むべきだといっても、賛同する人は少しはいるでしょうが、国民的な規模ではあまり説得力はありません。では、どうしたらいいでしょうか。

私は、中国との間で、安全保障をシェアする（共有する）関係を築いていくしかないと考えます。たとえ少しずつではあってもです。

安全保障のシェアといっても、あまり聞いたことがないと思いますので、説明しましょう。たとえば、現在の日米と中国との関係は、安全保障の面では、排他的な関係です。相手国の軍事力の増強は、即、こちら側の脅威ということになります。こういう関係である限り、お互いが疑心暗鬼に陥りますし、安心することができません。そういう状態を脱して、一言でいうと、相手の軍事力が、自国の安全保障にとっても必要だという関係を築くというのが、「安全保障をシェアする」ということです。さらに説明しましょう。

国連憲章の理念である集団安全保障体制も、現実のものとなっていないとはいえ、安全保障をシェアする方式の究極の形態だと思います。この体制では、平時において、各国はできるだけ軍備を縮小することが想定されています。そして、どこかに侵略する国があらわれたら、他のすべての国が協力し合って、侵略国に立ち向かうわけです。すべての国が軍事力の面で協力し合うのですから、侵略してきた一国の軍隊を打ち破るのは、そう難しいことではありません。ある国の平和と安全というものが、他国の軍備によって保障されるというわけです。

●お互いの軍隊の行動について情報を提供する

もちろん、中国との間で、短期的にはもちろん、たとえ中期的にせよ、ここまでの関係を築くことができると考えるのは、空想的でしょう。でも、低いレベルのものなら、実現不可能ではありません。いくつかのケースを考えてみましょう。

たとえば、中国海軍の艦船が日本の領海周辺に突如としてあらわれたということが、ときどき大問題になります。問題になるとは思うのです。いくら公海上だとはいえ、攻撃能力をもつ艦船が近くを通るなんて、気持ちのいいものではありませんから。

これは、立場を変えてみれば、中国にとっても同じです。アメリカの軍用機が中国領空に入って大問題になったこともありましたが、米軍は日常的に、中国の領土、領海、領空すれすれのところで活動しています。その米軍に対して自衛隊は情報の提供をはじめ積極的に協力しています。中国側は、米軍と自衛隊の活動に対して、すごい不安を感じていることでしょう。

そういう関係ですから、お互いにとって、台湾危機をはじめ有事に敵対しあうという想定を放棄するところまでは、なかなか行き着かないでしょう。しかし、現局面においても、日本と中国の間の海域で両国の軍隊が活動する際、お互いにその情報をできるかぎり提供する程度のことは可能ではないでしょうか。中国海軍の艦船が来たといってびっくりするのは、それが突如としてあらわれるからです。事前に通報を得ていれば問題は起こらないのです。逆の場合も同様です。

そのことを通じ、突如として先制攻撃してくる相手だというような不安は、少しは減らしていくことができるかもしれません。この程度のことでは、いざという時には戦わざるを得ない相手だという現実までは変わらないかもしれませんが、意味のないことではないと思います。

●軍隊同士の協力関係を築く

何年か前、中国の四川省で大地震がありました。その時、自衛隊が救援のために中国に派遣されることが報道されましたが、結局、取りやめになりました。残念なことだったと思います。やはり、日本の自衛隊は、まだ中国では受け入れられる存在ではないのです。そういう状態のままでは、お互いに存在する不必要なほどの不信感が、危機の引き金になる恐れさえあります。ですから、台湾海峡危機の際にどうするかは脇に置いて、お互いの関係を少しでも密なものにすることが大事です。

中国国内に自衛隊が行くことはまだ無理だとしても、アジアの他の地域で地震とか津波が起きたときなど、救援にあたる軍隊同士の協力関係を築くことも、その一つです。最初は情報交換だけであっても構いません。少しずつ協力する中身を増やしていくのです。そうして、相手国の軍隊について、ただ有事に戦う相手だというだけではなく、人命救援のためにがんばる軍隊でもあるという要素があることを理解することは、この地域における平和と安定のためにも積極的な意味のあることです。

あるいは、現在、お互いの軍隊が、国連ＰＫＯの部隊として各地に派遣されています。そういう場所での協力関係も考慮されてよいかもしれません。

このようなことからはじめて、相手国の軍隊への不信を減らしていくのです。そして、相手国の軍隊が、ただ人を殺すための軍隊ではなく、どこかの国の人命を救っているということを実感していく。さらに究極的には、相手国の軍隊というものが、自国の人びとの命を助けるためにも必要だという関係にしていくのです。

安全保障をシェアする関係になれば、相手国の軍隊は、恐れるべき対象ではなくなります。自国の安全のために必要なのですから、恐れるなどということはあり得ません。中国では、国の強大化がこれからも飛躍的にすすみますから、黙っていても、軍隊はどんどん大きくなっていきます。それを恐れないでいい関係をつくるというのは、日本にとってどうしても必要なことではないでしょうか。

●領土問題は安全保障の問題である

安全保障を中国とシェアするという構想は、長期的には、夢物語ではないと思います。

現在、この北東アジアでは、難航が続いているとはいえ、中国、アメリカ、日本を含む六カ国協議という枠組みが存在しています。これは、現在は北朝鮮の核問題を中心にすえたものですが、その問題が片付いたあとは、北東アジアの安全保障機構にするという提案が、いろいろな国で語られています。

尖閣諸島の問題を論じるはずが、いやに大きな話になってしまいました。でも、尖閣問題というのは、それだけを個別的に考えても、少しも解決しないと思うのです。台湾海峡をめぐる国際政治とか、日米安保条約の現実とか、そういうものと密接にからんでいる問題だからです。

そして、中国との間で安全保障をシェアする関係が深まっていけば、尖閣諸島をめぐる日中の対立というのも、自然に収まってくると思います。完全な解決には時間がかかっても、いざという時は軍隊を派遣しようなどというものではなくなってくるのではないでしょうか。

安全保障をシェアし、そのことによって安全が保障されるという実感が生まれてくれば、日米安保条約はこのままでいいのかという問題も浮上してきます。北東アジアの安全保障機構がこの地域の安全を保障するなら、それ以外の機構は不要だということにもなってきます。

領土問題というのは、それだけの大きな問題なのです。そういう自覚をもって、領土問題には臨まなければならないと思います。

第四章
北方領土問題

北方領土

最近、北朝鮮による拉致問題でがんばっている人から、「北方領土化しそうだ」という言葉を聞きました。まったく事態が動かないとか、永久に解決しそうにないとか、そんなニュアンスをもつ言葉だそうです。北方領土問題は、そういう受け止め方をされるほど、六〇年以上、膠着状態が続いているのです。

拉致問題を「北方領土化」させてはなりませんが、では、北方領土問題のほうは、やはり動きようがないのでしょうか。たしかに、こんな難しい問題を、「こうやったら解決できる」なんて確信をもっていえる人がいたら、私はあまり信用しません。しかし、この六〇年以上の経過を分析すると、何らかの手がかりがあるかもしれませんので、まずそこを振り返ってみることにしましょう。

1 何も動かなかった冷戦時代

●日ロ通好条約と千島・樺太交換条約で

日本では北方領土という言葉が使われますが、それは「日本の領土だ」ということを強調するための言葉であって、地理学的な概念ではありません。地理学では、カムチャッカ半島のすぐ南にある阿頼度島《あらいどとう》から、最南端にある国後島《くなしりとう》まで続くのが千島列島です。そして、その国後、択捉《えとろふ》の二島と、北海道の一部である歯舞《はぼまい》、色丹《しこたん》をあわせて、日本では「北方領土」とか「北方四島」などといわれているのです。

この千島列島ですが、歴史的には、北海道も含めてアイヌの人びとが住んでいる場所でした。でも、次第に、南からは日本が、北からはロシアが進出してきます。

二つの国が進出するわけですから、当然、争いが起きます。いろいろな経過はありますが、一八五五年、江戸幕府の末期に、日本とロシアは通好条約を結びます。その条約で、択捉島から南は日本の領土であり、それより北はロシアの領土だということを、両国が確認することになるのです。

一方、当時、樺太でも日ロ両国は争っていました。日ロ通好条約では、この問題は決着がつかず、樺太は「雑居地」とされたのです。ですから、引き続き争いは絶えません。日ロ間で交渉が重ねられ、結局、二〇年後の一八七五年、樺太の全体をロシアのものとする代わりに、北千島は日本のものにするという、いわゆる千島・樺太交換条約が結ばれます。

これは、じつは画期的なことなのです。列強が戦争で領土を獲得していた時代に、日ロ間では、平和的な交渉で領土を確定したわけですから。それから三〇年後、日露戦争の結果、ポーツマス条約（一九〇五年）で日本が南樺太を奪ったのは、そういうよき慣例からはずれたものでした。

●領土不拡大の建前と領土獲得の本音と

千島列島の全体が日本のものだと合意されていたのに、なぜそれがひっくり返ったのでしょうか。ロシアが実効支配しているのはなぜでしょうか。多くの方がご存じのように、それが第二次世界大戦の結果なのです。

日本はアジア諸国を侵略し、結局、世界を敵に回して戦争しました。この戦争は、結局、枢軸国（日本、ドイツ、イタリア）と、連合国（アメリカ、イギリス、中国など）との戦争になります。

アメリカとイギリスは、この戦争に参加する原則、目的を定めた**大西洋憲章**というものをつくります（一九四一年八月）。恐怖と欠乏から自由になるべきだなどの理念を明確にするのです。大規模な戦争ですから、崇高な理念をかかげないと、仲間になる国も増えないし、国民もついて来ることができません。その崇高な理念の一環として、この憲章は、「戦争による領土の拡張を求めない」ことも決めました。それまで、戦争するのは領土がほしいからだというのが、国際政治の「常識」だったのですが、それを覆すことによって、世界の支持と共感を集めようとしたわけです。

しかし、それは、政治の世界では、やはり「建前」にすぎません。ソ連は、大西洋憲章に参加し（四一年九月）、四五年二月になると、アメリカ、イギリスとの間で、ヨーロッパで戦争が終わったら日本に対して戦争を開始することを約束します。その際、ソ連は、参戦の交換条件として千島列島と樺太を要求し、アメリカやイギリスも積極的に賛同して、合意ができてしまうのです（**ヤルタ協定**）。

ソ連は当時、日本との間で「日ソ中立条約」を結んでいました（四一年四月）。この条約の趣旨からすれば、ソ連は、日本と連合国の間での戦争に際しては、「中立」の立場をとらなければなりません。でも一方で、ソ連は、日本と戦争している連合国の一員でもあります。やはり戦争ですから、中途半端はあり得ない。ソ連は中立条約を破り、日本との戦争に参加するほうを選びます。そして、千島列島はおろか、北海道の一部であった歯舞、色丹まで占領したのです。

●米ソ冷戦の開始とサンフランシスコ条約

複雑なのは、それからです。戦争中は仲間であった米ソの冷戦が開始されるからです。

戦後の日本の領土を確定したのが**サンフランシスコ平和条約**（一九五一年）であること

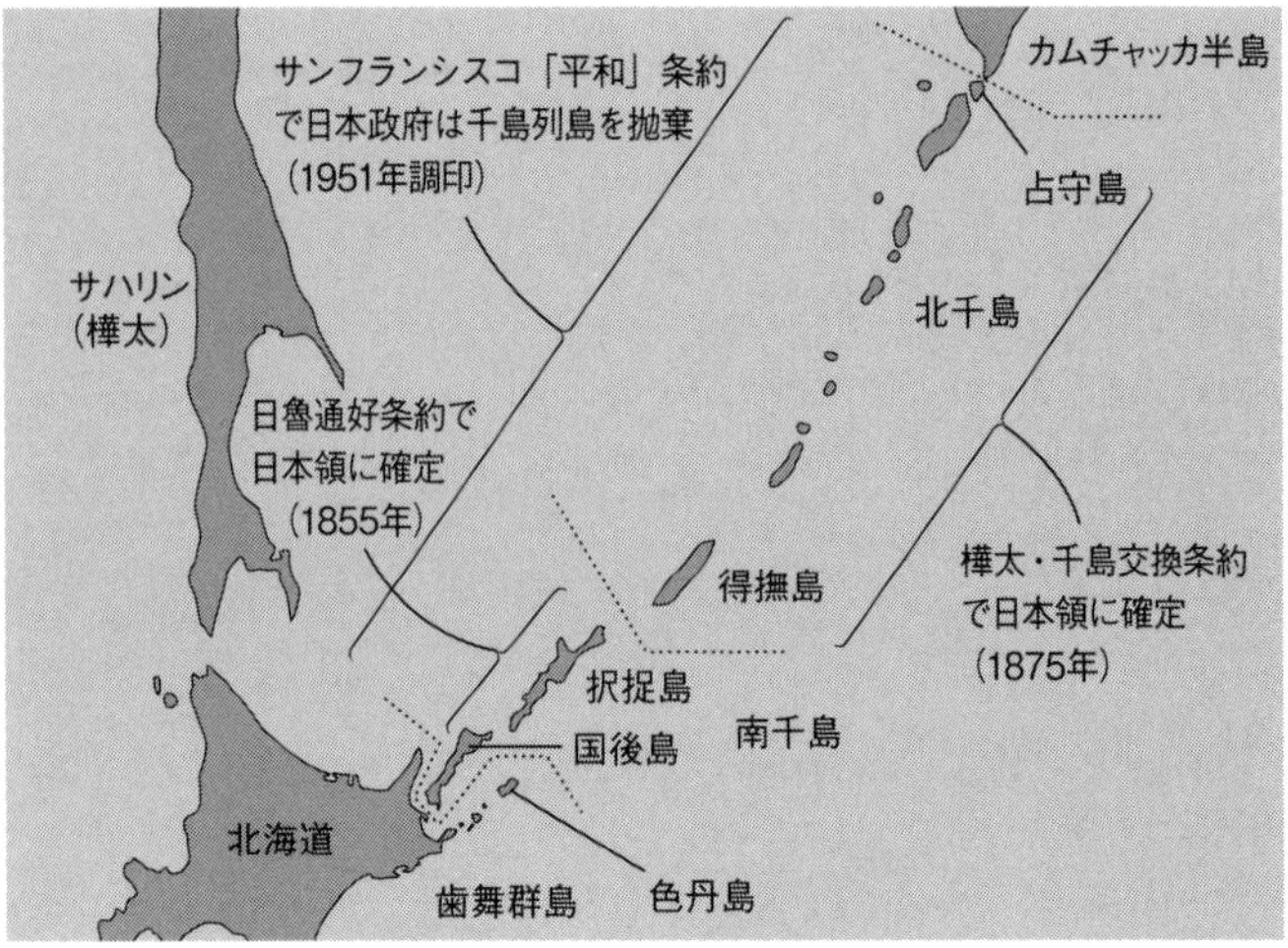

図4－1　千島列島と北方四島

は、本書のなかで何回も出てきました。この条約は、第二条C項において、千島について以下のように定めています。

「日本国は、千島列島並びに日本国が一九〇五年九月五日のポーツマス条約の結果として主権を獲得した樺太の一部及びこれに近接する諸島に対するすべての権利、権原及び請求権を放棄する」

千島列島をすべて放棄するということです。ついでに樺太も（図4－1）。

でも、ヤルタ協定とは違います。「千島をソ連のものにする」とは書いてありません。竹島問題のところででてきた鬱陵島は朝鮮のものだと明記しているのに、千島については、書きようが違うのです。なぜ、そんなことになったのでしょう。

これは、ソ連と敵対しはじめたアメリカの、いわばかなり悪質な意地悪です。

ソ連は当然、ソ連のものだと明記せよと要求します。しかしアメリカは、それを拒絶します。その根拠にしたのは、千島をソ連のものだと明記するならば、代わりに、沖縄に対するアメリカの権利も明記するぞということでした。条約草案は、アメリカが沖縄の施政権をもつことを明記していましたが（第三条）、主権がアメリカにあるとは書いていません。そこを変えて沖縄をアメリカのものだと明記するぞというわけです。

それにはソ連も賛成できない。しかも、条約に明記されようがされまいが、千島を支配している現実は変わりません。そういうこともあって、ソ連は、条約には参加しないことにしたのです。戦争が終了すれば必ず平和条約を結ぶのに、ソ連とだけはまだ結ばれていない状態が続いているのは、こういう事情があるからです。

アメリカにとっては、理想的な展開でした。千島はソ連にあげると約束した経緯もあるし、ソ連が占領している現実もあるので、日本が放棄することは明確にせざるを得ない。けれども、ソ連が平和条約に参加しないことによって、日本とソ連との間に紛争の種を残せたのです。アメリカは、サンフランシスコ条約と同時に、日本との間で日米安保条約を結び、日本に米軍基地を置いて、ソ連との全面対決や、中国革命後のアジア支配への準備を強化するのですが、日本とソ連が敵対しているほうが、それがやりやすかったのです。

しかも、沖縄を支配するアメリカに対して、日本国民からの批判が高まるのは必至でしたが、その日本国民の敵意をソ連に向かわせることもできました。

●国後、択捉も放棄したことは明白だったが

サンフランシスコ条約、日米安保条約を結んだ日本側の当事者は、吉田茂という首相です。一九五四年、その吉田政権が崩壊し、鳩山一郎が首相になります。

鳩山は、ソ連との関係改善を政策の柱にかかげていました。ソ連も、そのことを重視し、五五年、関係正常化交渉をやろうと提案してきます。そして、ただちに交渉が開始されます。日本側は当初、「北方四島」の返還を求めます（ついでに南樺太までも要求するという道理のない態度もとります）。しかし、ソ連側から、千島はサンフランシスコ条約で放棄したではないかと詰め寄られ、腰砕けになりました。現在の議論からすると、多くの方が、びっくりするでしょう。

でも、当時は、日本側がどの島を要求するのか、できるのかという問題は、あまり整理されていませんでした。試行錯誤があるのです。

地理学的にいえば、国後、択捉は、サンフランシスコ条約で放棄した千島に含まれるのであって、日本が返還を要求できるのは、北海道の一部である（千島ではない）歯舞、色

丹だけだというのは常識でした。だから、この条約を批准した日本の国会で、外務省の局長は、国後、択捉は放棄した千島の一部であることを明確に認めるのです。たとえば、「条約にある千島列島の範囲については、北千島と南千島の両者を含むと考えております」、「この千島列島のなかには、歯舞、色丹はこれは全然含まれない。……国後、択捉という一連のそれから以北の島は、……クリル・アイランド（千島列島）として全体を見ていくべきものではないか」と発言しています。

一方、地理学的にはそうであっても、南千島は何とかならないかという思惑は、早くから日本政府内部にありました。サンフランシスコ会議で、吉田茂は、「千島南部の二島、択捉、国後」などと発言しており、この二島が千島の一部であると認めているのですが、この発言は、北千島と南千島では歴史的な経過が違うことを強調する文脈で使われたものです。

アメリカの代表（ダレス国務長官）も、歯舞、色丹は千島ではないという日本の主張に関連して、「千島列島という地理的名称が歯舞諸島を含むかどうかについて……歯舞を含まないというのが合衆国の見解」であるとして、国後、択捉は千島であるという前提にたって発言しています。しかし他方、会議のなかで、日本に対して、もし日本が四島を要求するなら、それを支持するという言質を与えたようです。

●自民党が「四島返還」の政策を確立

さて、話は戻って、一九五五年から五六年にかけての日ソ交渉です。返還を求めるのは歯舞、色丹の二島だけか、あるいは国後、択捉を含む四島かという選択が迫られるなかで、大きな動きがありました。アメリカと自民党と、二つの側からです。

まず、自民党の側についていえば、五五年、「四島返還」という政策を確立します。千島を放棄しておきながら、なぜその一部である国後、択捉の返還を求めることにしたのか。その理由についてはいろいろな説があります。ソ連が受け入れられない要求をだすことによって、反ソ、反共の宣伝を強化しようという国内的な思惑もあったことでしょう。一八五五年の日ロ通好条約では、国後、択捉は千島に含まれていないという誤訳をしたことから来るという説もあるそうです。

ただ、いずれにせよ、それらの背景にあったのは、おそらく北千島とは異なり、南千島である国後、択捉の二島には人が住んでいた事情が大きいと思います。終戦時、歯舞、色丹を含む四島には一万七〇〇〇人が住んでおり、それがソ連軍によって強制的に排除されたのです。住んでいた場所に戻りたいという元島民の気持ちに応えようとすれば、「歯舞、色丹にくわえ、せめて国後、択捉だけでも」ということになっても不思議ではありません。

しかも、沖縄のことを例にとるとわかると思うのですが、アメリカが施政権をもつことがサンフランシスコ条約で決まっていても、沖縄を返還せよと要求することはできるし、最終的に沖縄は返還されました。ですから、千島を放棄することが条約で決まっていても、その返還を求めることは（全部であれ一部であれ）、十分にあり得ることだったと思います。

●「ダレスの恫喝」

アメリカの巻き返しは、もっとすごいものでした。日本とソ連が仲良くなれば、在日米軍基地を拠点にしてソ連や中国と軍事的に対抗するという戦略が遂行しにくくなるわけですから、とても困ったのでしょう。中心になったのは、あのダレス国務長官です。

二島（歯舞、色丹）返還を視野に入れる鳩山首相にしびれをきらしたダレスは、一九五六年八月、ロンドンで重光外相と会談します。その場で、ダレスは、日本が国後、択捉をソ連のものだと認め、二島返還で決着させるなら、沖縄は絶対に返還しないと強調するのです。国際政治史のなかでは、「ダレスの恫喝」として有名な話です。

でも、サンフランシスコ条約をつくる中心になったアメリカとしては、条約起草者として、条約で千島を放棄させると明記したことと整合性を保たなければなりません。そこで、重光外相との会談後、アメリカ国務省は、国後、択捉は千島ではない、だから日本は放棄したわけではないという立場に立つのです。

こうして、日本とソ連を対立させておきたいアメリカ、せめて国後、択捉は返還させたいという自民党の側の思惑が一致することになります。現在に続く「四島返還」という立場は、こうしてスタートするのです。

●日ソ共同宣言で国交は回復したが

日本側が四島返還を打ちだしたことにより、日ソ交渉は、当然のこととして暗礁に乗り上げます。しかし、鳩山首相は執念を燃やし、病気の身でありながらモスクワに飛んで、**「日ソ共同宣言」**をつくりあげます（一九五六年一〇月）。

この宣言をつくったことにより、領土問題以外では、大きな前進がありました。日ソの国交が回復し、ソ連が日本の国連加盟を認めたので、日本は国際社会に復帰することができました。シベリアに抑留されていた日本人も帰ってくる道が開けました。

一方、領土問題はどうか。「宣言」は、以下のようにのべています。

「日本国及びソヴィエト社会主義共和国連邦は、両国間に正常な外交関係が回復された後、平和条約の締結に関する交渉を継続することに同意する。

ソヴィエト社会主義共和国連邦は、日本国の要請にこたえかつ日本国の利益を考慮して、歯舞諸島及び色丹島を日本国に引き渡すことに同意する。ただし、これらの諸島は、日本国とソヴィエト社会主義共和国連邦との間の平和条約が締結された後に現実に引き渡されるものとする」

二島返還で合意したということです。しかし、その二島も、平和条約が結ばれなければ返ってこないという条件つきです。しかも、日本側は四島が返還されなければ平和条約は結ばないという立場ですし、ソ連側は二島だけで平和条約をという立場ですから、結局、平和条約の合意はできるはずもなく、二島さえ返ってこないという構図が生まれるのです。

その後、冷戦が終了するまで、日ソ間で領土問題が動くことはありませんでした。それどころか、ソ連は、日米安保条約が六〇年に改定され、強化されたのを受けて、在日米軍が撤退しない限り、歯舞、色丹も返還しないと主張しはじめます。

さらにその後、ソ連は、領土問題は存在しない、解決済みだという立場を打ちだすことになります。ですから、それ以降も、日ソ間の首脳会談は開かれるのですが、合意される共同声明を見ると、「第二次世界大戦からの未解決の諸問題を解決して平和条約を締結する」などとされ、領土問題が未解決かどうかさえ明記されないという事態になるのでした。

●領土問題は解決しないことが目標だった？

以上の経過を、どう見たらいいでしょうか。私には、冷戦時代の北方領土問題というのは、解決しようがない問題だったというか、極論すれば、解決しないことが目標だったかのように思えます。

アメリカは、日本とソ連を反目させることが、みずからの世界戦略にとって大事だと考えました。だから、ソ連が受け入れないことを承知で、国後、択捉は千島ではないという屁理屈を考えつき、日本をたきつけました。

ソ連は、日本とアメリカの友好関係にひびを入れることができるならと、二島の返還を誘い水にしますが、日米軍事関係はどんどん強化されていきます。二島返還論を打ちだしたのも、不法に奪ったから返すという考えからではなく、冷戦を少しでも有利にしようという思惑からのものですから、有利にならないなら全面的に拒否するという結果になるのは理の当然でした。

日本側の四島返還という立場への転換の背景には、旧住民の気持ちにこたえる面があったことは否定しません。しかし、日本政府にとっても、ソ連が北方領土を不法に占拠し続け、日本側の返還要求をかたくなに拒否しているという構図は、共産主義の脅威を宣伝することができるがゆえに、保守勢力の基盤を安定させ、共産党をはじめとする革新勢力を孤立させる材料ともなるものでした。

こうして、冷戦の時期、北方領土の返還をまじめに考える政治勢力は、ほとんどいないという状況だったといえます。これでは、北方領土問題が解決しないのは、あまりにも当然だったでしょう。

●日本共産党は領土問題をこじ開けようとした

なお、この時期、領土問題は解決済みというソ連の立場に風穴をあけた政治勢力が、一つだけあったことを紹介しておきましょう。なんと、日本政府が領土問題で孤立化させることをねらっていた対象の政党、日本共産党です。

一九七九年、モスクワで、日本共産党の宮本顕治委員長と、ソ連共産党のブレジネフ書記長の首脳会談がおこなわれました。その重要なテーマの一つは北方領土問題です。

宮本氏は、領土問題での立場を詳しく説明し、平和条約が結ばれていないのは、領土問題が解決済みではないからだとして、「解決済み」というソ連の態度に道理がないことを追及したそうです。その結果、ブレジネフ書記長は、「領土問題では聞く耳を持っている」とのべ、解決済みという立場に固執しないことを明言しました。この会談は、日本国内でも大きな反響を呼び、外務省の高官からも評価する声が寄せられたのです。

日本政府のそれまでの立場ではダメだったのに、なぜ共産党の主張がそれなりにソ連に響くことになったのか。そこには三つの理由があると思います。

一つは、「四島返還」という冷戦の論理を打ち破ったことです。共産党は、四島ではなく、「全千島」の返還を求めました。つまり、サンフランシスコ条約で千島を放棄することは決まったのですが、その条約自体がおかしいということです。戦争に勝ったら領土を獲得すると大国が勝手に決めるやり方は、そもそも道理に合わないと強調したのです。だからこそ、本章の冒頭でも書いたように、大西洋憲章で「領土不拡大」という原則が打ちだされたのであって、ソ連の行為は、その原則に違反しているだろうと、宮本氏は迫ったわけです。

二つ目は、日本共産党ならではのことですが、ソ連共産党との間で、共通の言葉があったことです。宮本氏は、ソ連を説得するにあたって、レーニンが領土問題でどういう態度をとったかを、くり返し強調したそうです。第一次世界大戦で、レーニンが「領土不拡大」という方針を強調したことは、とても有名な話ですから、北方領土を奪ったスターリンの行為は、レーニンの伝統に反すると批判しました。ソ連共産党としては、大先輩であるレーニンを見習えと迫られては、なかなかダメだとはいいにくかったわけです。

三つ目は、柔軟性です。全千島の返還を求めたわけですが、とりあえずは北海道の一部である歯舞、色丹を返せばよいと主張したことです。そして、この段階で、平和条約にいたる中間的な条約を結び、本格的な平和条約は、その後、話し合っていこうという態度をとりました。

以上のような考え方は、外務省にもそれなりに影響を与えます。それは次節の課題です。

2　冷戦終了後の領土問題の経緯

一九八九年一二月、ソ連共産党のゴルバチョフ書記長が、アメリカのブッシュ大統領と会談し、冷戦終了を確認しました。冷戦構造のもとでは、領土問題を放置しておくことが関係国の利益だったわけですから、その構造が崩壊すれば変化が起こるのは当然です。

●四島の帰属問題を話し合うことが合意になる

この時期、日ソ首脳会談がたびたび開かれ、領土問題での合意が生まれます。以下のような合意がありました。

まず、一九九一年四月、海部首相とゴルバチョフ書記長が会談し、「日ソ共同声明」がだされます。そこでは、「平和条約が、領土問題の解決を含む最終的な戦後処理の文書であるべきこと」としたうえで、「歯舞群島、色丹島、国後島及び択捉島の帰属についての双方の立場を考慮しつつ領土確定の問題も含む」平和条約の話し合いがおこなわれたことが明記されました。国後島、択捉島の名前をあげ、その帰属問題が話し合いの対象であることが日ソ間で確認されたのは、これがはじめてのことでした。

なお、この声明では、北方四島への旧住民らのビザなし渡航とともに、「この地域における共同の互恵的経済活動の開始」も合意されています。ソ連の末期、経済は大混乱し、北方領土はそれに輪をかけて経済的な苦境にありました。四島の帰属問題を話し合うというソ連の態度変更は、それを日本領だと認めるための第一歩というよりは、日本の助けを得て苦境から抜けだすための方便ともいえる性格をもっていたといえるでしょう。

一九九一年末、ソ連が崩壊しました。領土問題の交渉相手は、ロシアに変わります。そのロシアのエリツィン大統領は、九三年一〇月に来日し、細川首相との間で「東京宣言」を発表します。

この宣言は、先の日ソ共同声明と同様、領土問題とは四島の帰属問題だということを、具体的に名前を挙げて指摘しています。同時に、この宣言の新しいところは、「双方は、この問題を歴史的・法的事実に立脚し、両国の間で合意の上作成された諸文書及び法と正義の原則を基礎として解決することにより平和条約を早期に締結するよう交渉を継続し」

と、問題の解決を「法と正義の原則」を基礎におこなうという指針を明記したことでした。

　エリツィンは、宣言署名後の記者会見で、「旧ソ連の条約・国際約束は履行する。この中には日ソ共同宣言も含まれる」と明言しました。一九五六年の日ソ共同宣言は、歯舞・色丹の引き渡しを決めたものですが、一九六〇年の日米安保改定以来、ソ連側はずっと拒否していましたから、大きな変化だったといえます。

●スターリン主義の遺産を克服するという視点

　同時に、東京宣言の特徴は、別のところにもあります。それは何かというと、領土問題がスターリン主義の遺産であるという認識を表明していることです。

　宣言の前文で、「全体主義の遺産」という言葉が使われ、本文中には、「両国関係における困難な過去の遺産は克服されなければならないとの認識に共有し」ていることが表明されています。これは、この会談で、エリツィン大統領が、「日ロの問題はスターリン主義の残滓《ざんし》」だと発言したことをふまえたものです。

　当時、ソ連が崩壊した直後だということもあり、この認識はロシアではかなり一般的だったようです。エリツィン政権の国務長官であったゲンナジー・ブルブリスは、以下のように発言していたとされます。

「日本人が『北方四島を過疎の土地だからいらない』といっても、ロシアは日本に島を返さなければなりません。北方四島はスターリン主義のもとで、日本から盗んだ領土です。共産主義から絶縁し、『スターリン主義の残滓』と決別しようとしているロシアにとって、北方四島を日本に返すことがロシアの国益に適っている。なぜなら、北方四島を日本に返還することによって、対外的にロシアが正義を回復したと国際社会から認知されるからだ。たとえ日本人がいらないといっても、返さなければならないというのがロシア人としての正しい歴史観です」（鈴木宗男・佐藤優『北方領土特命交渉』講談社文庫八三ページ）

冷戦期、日本共産党が同様の主張をして、ソ連側に影響を与えたことは紹介しました。スターリン主義というのは、日本の人びとにも、ソ連の人びとにも、同じように厄災《やくさい》をもたらしました。それを克服することに領土問題を解決するカギがあるという日本共産党の主張は、やはり道理があったのだと思います。

ただ、ここでエリツィンらがいっているスターリン主義というのは、スターリンだけではなく、レーニンを含む社会主義時代そのもののことです。この点では、表現は同じであっても、本質的に異なる部分が多いことは指摘しなければなりません。

●「相互利益」をかかげて新たな提案をした橋本首相

このような変化を受けて、日本側のアプローチも、その後、大きく変わっていきます。その象徴が、一九九七年七月、橋本首相が打ちだした「三原則」でした。

これは、「今後の関係改善は、信頼、相互利益、長期的視点の三原則に基づいて取り組む」というものです。そのキーポイントは、「相互利益」にあると思います。橋本首相は、この点について、「どちらか一方が勝者、敗者となる形で解決するものではない」とのべました。日本はそれまで、「四島一括返還」をかかげており、それは日本側の一方的な勝利を意味していましたから、その立場から転換することを表明したものだといえました。

その年の一一月、橋本首相はロシアのクラスノヤルスクを訪問し、エリツィン大統領と会談します。そして、二〇〇〇年をめどに平和条約を締結することを約束しあったのでした。しかし、そのときは、四島一括返還という立場からどう転換するのか、鮮明ではありませんでした。

その具体的な意味は、二カ月後の一九九八年の年頭に明らかになります。橋本首相は、「大事なことは四島がわが国の領土として確定されることだ。国境線の画定のない平和条約はない」と発言したのです。その四カ月後、橋本首相はエリツィンと川奈で会談しました。その場で、橋本首相が提案したのは、四島の北側に最終的な国境線を引くが、一方、日ロ政府が合意するまで四島の返還は求めず、ロシアが施政をおこなうことを合法と認めるというものでした。さらに、歯舞、色丹の二島についても、その返還をただちには求めないというものだったのです。

これはどういうことかというと、一九七二年までの沖縄の状態と半分だけは似たようなものです。当時の沖縄では、サンフランシスコ条約により、施政権はアメリカが握っていましたが、主権がどこにあるかは曖昧にされた状態でした。橋本提案は、北方四島の施政権はロシアが握っていてよいが、主権が日本にあることだけは確認しようというものだったといえます。

この提案へのエリツィンの回答を待っている最中、橋本政権は国内事情で崩壊し、小渕内閣が誕生します。小渕首相は、一九九八年一一月、エリツィンとの首脳会談をおこないます。ここでは新たに、国境確定委員会と共同経済活動委員会を設置すること、この二つの委員会が並行して活動することとされました。経済的な苦境を打開しようとするロシア側と、領土問題を動かしたい日本側が、何とか妥協しようとしたわけです。

●「2+2」のイルクーツク声明

その後、ロシアでは、エリツィンが退陣し、プーチン大統領の時代になります。日本側は、森首相が政権につきます。森政権は、短命で終わったとはいえ、北方領土問題では、大胆な動きをしました。

それは何かというと、歯舞、色丹の二島と、国後、択捉の二島を区別したことです。それまでは、紹介してきた日ソ、日ロの共同文書に見られるように、四島一括返還が日本の立場だったのです。橋本首相の提案も、とりあえず主権の確認というものでしたが、四島のなかで区別をもうけるものではありませんでした。ところが、森首相は、二〇〇一年三月、イルクーツクでプーチン大統領と会談した際、「車の両輪方式」を提案します。それは、歯舞、色丹については、一九五六年の日ソ共同宣言で日本への引き渡しが約束されているのだから、その引き渡しの方式や条件を話し合おう、一方、国後、択捉はどちらの国に帰属するかが合意されていないのだから、その問題を話し合おうというものでした。

その結果、**イルクーツク声明**では、「一九五六年の日本国とソヴィエト社会主義共和国連邦との共同宣言が、両国間の外交関係の回復後の平和条約締結に関する交渉プロセスの出発点を設定した基本的な法的文書」だと確認されます。引き続き四島の名前があがっているのですが、歯舞、色丹の引き渡しを明記した五六年共同宣言に言及することによって、この二島には別の位置づけが与えられたのです。五六年宣言は、エリツィン大統領が口頭で重要性にふれたことはありましたが、両国首脳が署名した文書で確認されるのは、これがはじめてのことでした。

●「2＋2」に傾き始めたロシア

この変化は大事なことでした。ロシア側も呼応しようとした形跡があります。当時、交渉の最前線にあった外務省欧亜局長の東郷和彦氏が証言しています。東郷氏は、イルクーツク会談の翌月、会談の成果を具体化するため訪ロするのですが、その際の内幕が、同氏の『北方領土交渉秘録　失われた五度の機会』（新潮社）にのべられているのです。

「問題は国後・択捉の議論に関連して、次官が何を語ったかであった。ロシュコフ次官は、『日本は残りの二島即ち国後、択捉に関する交渉を継続する必要があると見なしている。五六年宣言の後、四島すべての帰属の確定に基づき問題を解決することを盛り込んだ東京宣言をはじめとする一連の文書が採択され、これらは我々の立場と乖離するものではない。何故ならば、帰属の問題は特定の方向によらずとも解決できるからである』と述べていた。

次官はこれまでのマスコミに対するインタビューで、このような言い方をしたことは一度も無かった。だが、今回は『国後・択捉について議論することは出来る。何故なら議論した結果はいろいろな可能性が考えられ、議論を始めたからといって引き渡しを認めることにはならないからである』という単純明瞭な事実が、歯舞・色丹の引き渡しの確認とと

もに、初めてロシア当局からロシアの世論に対して発信されたのである」（同書三六一ページ）

つまり、歯舞、色丹は引き渡しに応じる。国後、択捉は帰属を議論する対象とするにとどめる。そういうかたちで決着させようと、ロシア側が検討していたということです。

●平和条約の結び方でも新たな模索が

問題は、平和条約の結び方です。歯舞、色丹が返還された時点で平和条約を結んでしまえば、たとえその後も議論を続けるにしても、他の島がもどってくる展望が見えにくくなります。冷戦期、日本共産党が二島返還の段階では中間条約を結ぶとして、平和条約そのものは全体が解決してからだと提案したのは、そこを考え抜いたものでした。

この時期、外務省にあって対ロ交渉を担当していた佐藤優氏は、四島返還に向けて次にのべるような五つの選択肢があると発言しています（前出『北方領土特命交渉』一〇〇～一〇四ページ）。どの時点で平和条約を結ぶのかが、どの選択肢でも大事になります。

一つは、「四島一括返還」。外務省の従来の立場です。これが約束されれば、平和条約を結ぶのに、何の問題もありません。

二つ目は、「潜在主権方式」。主権は日本にあるが、施政権はロシアにあることを確認し、平和条約を結ぶものです。施政権返還前の沖縄に近い状態をつくりだすものであって、橋本首相が推しすすめたのと同じでしょう。

三つ目は、「賃貸（借）方式」。「潜在主権方式」とは逆に、潜在主権はロシア側にあると認めたままで（従って平和条約は結ばないで）、施政権は日本が行使するものです。

四つ目が、「『2＋2』方式」です。イルクーツクでの森首相提案と同じだといえるでしょう。

五つ目が、「共同統治・共同管理」方式です。どちらに主権があるかは決めず、主権が混在するままにするということです。

●中間条約から平和条約へという段階的な考え方も

イルクーツク会談当時、日ロ間では、このうちの四つ目、「『2＋2』方式」が真剣に話し合われていたということです。では、その場合、平和条約についてはどう考えられていたのでしょうか。佐藤優氏は、同書のなかで、次のようにのべています。

「その場合、この二島（国後、択捉）に対する日本の主権が認められませんから、平和条約を締結することはできません。ここで交渉を決裂させるという選択肢もありますが、中間条約を結んで、国後島、択捉島の日本の帰属確認の交渉を続けて＋αを求めるという

手もある。いずれにせよ、これは高度な政治判断を必要とする問題です」（一〇三ページ、傍点は引用者）

佐藤氏と同じく日ロ交渉を担当した鈴木宗男氏も、同様の立場を表明しています。

「二島先行返還でも、四島に足が掛かっていれば、すなわち国後島、択捉島に対する日本の主権確認ができればいいわけです。原理原則をいえば、四島問題が解決してから平和条約締結です。二島だけで平和条約を結ぶことはありません、あるとすれば、中間条約とか第一基本条約といったように、何らかの歯止め、担保が必要になる。」（九八ページ、傍点は引用者）

「中間条約」——そうです。冷戦期、日本共産党が提案し、ソ連側に「聞く耳がある」といわせた提案なのです。

日本共産党の提案は全千島の返還ということであり、日本政府がすすめていたのは、国後、択捉にかぎったものです。だから、本質的な部分で違いはあるのですが、歯舞、色丹とその他の島は歴史的な事情が異なるわけであって、返還を求める論理、条件も別のものでなければならないという点では、共通の土俵に立ったものだといえます。外務省が日本共産党の提案を参考にした形跡が見られます。

●日本側の混乱で暗礁に乗り上げた

ただしかし、日ロ間の領土交渉は、この時点をもって暗礁に乗り上げてしまいます。よく知られているように、この交渉にあたっていた鈴木宗男氏、佐藤優氏への批判が高まり、日本側の方針が定まらなくなったことが直接の要因です。

両氏は、二島返還を定めた一九五六年の日ソ共同宣言をテコにして、四島の返還につなげようとしたわけです。それまでの日ソ首脳間の共同文書は、四島の名前をあげて、その帰属を確認する交渉をしようとするものでした。それは、確かに四島すべてを対象にすることは明確にしていましたが、だからといってそれが日本の領土だということを担保するものではありませんでした。それどころか、五六年宣言で日本に引き渡すこととされた歯舞、色丹までもが新たに帰属交渉の対象とされたことは、宣言からの大きな後退だったのです。ですから、歯舞、色丹の二島と国後、択捉の二島を区別するやり方は、意味があったと思います。

ところが、両氏に対しては、じつは二島返還で終わらせようとしているとの疑惑がかけられます。与野党の双方から、「二島返還論の売国奴」だとの批判が寄せられました。

こうして日本側の方針がぶれたからでしょう。イルクーツク会談の翌年（二〇〇二年）、ロシア側は、この提案に乗ることを断ってきました。

しかもその後、ロシア側の事情が大きく変わってきます。石油の収入などで潤い、経済的苦境から抜けだすために日本側の援助を求めるという動機もなくなります。中国や韓国の資本が千島に進出するようになって、日本なしでも大丈夫という傾向が、どんどんすすみます。スターリン時代を含め、かつての強い時代を懐かしむ政治的な風潮も強まります。

これらの結果が、二〇一一年に入って、メドベージェフ大統領の国後島訪問につながりました。歯舞、色丹さえ返さないという発言もありました。ソ連崩壊後のいろいろな交渉の到達が、すべてご破算にされようとしているのです。領土問題は、いま、重大な岐路に立たされています。

3　いま共通の言葉はあるのか

ここまで行きづまった現状を打開することはできるのか。どういう方法ならできるのか。そこを真剣に考えなければなりません。

●領土不拡大の正論は引き続き大事である

六〇年以上動かなかった問題を打開できるなんて、ほとんど不可能に近いことだとは思いません。私も、自信をもっていえることはありません。

ただ、もし解決することができるわずかな可能性があるとすれば、こういう方向しかあり得ないのではないかと感じることはあります。まず、前提として、戦争で領土を奪うことへの批判の大切さです。

本章では、全千島の返還を求める日本共産党の提案と、その提案の根拠にあった考え方が、日ソ間の交渉に大きなインパクトを与えてきたことを紹介しました。一つの政党、それも野党の考え方が、政府間の交渉に影響を与えるということが、現実にあるのです。全千島返還論は、歴史的な使命を果たしました。立派に果たしたと思います。

しかも、その考え方のなかでも、大国が戦争で他国の領土を獲得するということへの批判は、引き続き大事なことです。領土を奪われることの痛みは、戦争で敗北し、サンフランシスコ条約で決めたのだから当然だといわれても、納得できるものではありません。別のところで見たように、第二次世界大戦後、戦争で領土を奪うのは違法だという考え方が確立したのであって（一二七ページ）、そこには、領土を奪われた人びとの怒りは正当なのだという、それ以前の時期の痛苦の経験が反映していると思います。

この考え方は、根底にある思想についていえば、いまでも領土問題に通用します。今後、日ロ間の外交交渉がどうなるのであれ、世論のレベルでは、このような議論と運動が、引き続き大きな役割を果たすことになるでしょう。

●ロシアが六〇年以上にわたり実効支配した現実

同時に、現実の外交交渉は、それとは別の論理が必要な場合があります。とりわけ、この問題では、外交交渉の条件が大きく変化したことを考慮しなければなりません。二つの点で変化しました。

一つは、ソ連が千島を占拠してから、すでに六〇年以上が経過したという現実です。この本では、領有権を決定づけるものとして、「実効支配」という言葉を何回も使ってきました。実際にロシアの施政が続いてきたという現実は、大きな意味をもつのです。

少し考えただけでわかります。北方領土には、ロシアの人びとが、すでに二世代、三世代にわたって住み続けています。そういう人びとの生活と将来をどう考えるのか、よくよく考えなければなりません。

竹島問題のところで、「先占」を説明するのに、民法の規定の話をしました。その民法でも、「二十年間、所有の意思をもって、平穏に、かつ、公然と他人の物を占有した者は、その所有権を取得する」（第一六二条1項）とされています。「善意」で占有を開始したときは、一〇年で取得できます（同2項）。この六〇年間、問題があると日本が提起し続けてきたため、「平穏」にロシアが所有してきたとまではいえないので、この規定がそのまま適用されるわけではないのですが、念頭におくべきことです。

●日ロの外交交渉の到達は無視できない

もう一つは、もっと大事なことです。ソ連崩壊後、それまでと違って、ロシア政府は領土問題の存在を認め、日本との間で交渉をすすめたことです。そして、日ロ間のいろいろな合意ができあがったことです。

その合意の内容は、これまで見てきました。いろいろな合意がありましたが、領土交渉の対象になっていたのは、歯舞、色丹、国後、択捉の四島です。日ソ、日ロの両国間では、交渉の対象はこの四島であることを、首脳が署名した文書で何回も確認したのです。

こういう合意ができる前なら、別の提案もあり得たでしょう。でも、外交交渉というのは、実際に合意ができてしまえば、その現実をふまえなければなりません。合意に不満があったとしても、「これまでのやり方は間違いでした。東京宣言も、イルクーツク声明も破棄します」として、ロシアに返還を求める島の数を増やすという手段にでることは、外交交渉として適切ではありません。

もし日本がそんな態度に出れば、ロシアも、同様の態度をとるでしょう。これまでの合意を日本が破棄するというなら、ロシアも同様の態度をとるとして、四島はおろか日ソ共同宣言で引き渡すと約束した歯舞、色丹も「問題外」ということにしてくるでしょう。

冷戦時代に大きな役割を果たした日本共産党を見ても、全千島の返還を求めるという立場に変わりはないようですが、サンフランシスコ条約の千島放棄条項（二条C項）の廃棄というかつての方針を、二一世紀になって取り下げました。不破哲三氏は、『私の戦後六〇年』のなかで、サンフランシスコ条約の改正なしに沖縄の返還が実現したことを「立ち枯れ」方式となづけ、千島の返還についても、「その（条約規定の）是正は、条約の修正という面倒な手続きをとることなく、『立ち枯れ』方式で実行すること」を提唱しています。平和条約というのは、戦争を終わらせるための基本的な条約であって、廃棄条項をもつ日米安保条約などとは別格のものですから、当然のことでしょう。こうしていま、実際、条約の一部を廃棄するためにもう一度サンフランシスコ会議を開くなどということは、絶対にできません。冷戦時代のアプローチではダメなことは、誰もが自覚しているのです。

●プーチンに「あなたも合意した」と迫っていく

これまでの領土交渉の到達をふまえて交渉するといっても、ロシア側の強硬な態度を前にして、日本側には、打開策への展望がないようです。この間の政府の言動を見ると、ただただ「不法占拠」を声高に批判するしか知恵がないようです。あるいは、プーチンは手強いから次の指導者があらわれるのを期待するという、〝待ち〟の姿勢も見え隠れします。

しかし、それは間違いです。北方領土問題は、プーチンが実力者でいる間に、プーチンとの交渉で解決しなければなりません。

それはなぜかというと、領土問題を動かせるとすれば、冷戦崩壊後のロシア側との交渉の到達をたてにする以外にはないからです。とりわけ、プーチン大統領（当時、現在は首相）との合意こそが、いま日本側がもっとも活用しなければならないものです。

その合意が、イルクーツク声明です。この声明は、すでに紹介したように、四島の名前をあげて帰属問題の交渉をおこなうとしています。同時に、歯舞、色丹の引き渡しを明記した五六年共同宣言を、歴史上はじめて、日ロ間の首脳が合意した文書のなかで明記しました。ですから、歯舞、色丹の引き渡し、国後、択捉の帰属問題での交渉継続という線は、ロシアも無視できない線なのです。

国際約束を守ることは、主権国家としては当然のことです。もしロシアがこの世界で生きていくなら、大切にしなければならないはずのものなのです。

それなのに、なぜ日本側は、そういう主張をできないのか。それは、イルクーツク声明がよって立つ「2＋2」の思想を、別の思惑によって否定したからです。冷戦後の交渉のなかで、ロシア側は、領土問題の存在を認め、歯舞・色丹と他の島を区別する論理を受け入れるところまできたのに、その交渉の中心にいた鈴木宗男氏を追いやるために、「二島返還論者」だという漫罵を浴びせかけ、交渉の成果を台無しにしてしまったのです。国民の利益よりも、外務省の省益を優先させたに等しい行為でした。

ですから、もしいま、領土交渉を動かすカギがあるとすれば、日本側の姿勢を転換する以外にはないと思います。外務省はまず、これまでの外交交渉の到達を、しっかりと整理し、国民に説明すべきです。「2＋2」方式でロシア側と交渉してきて、その方向での合意ができつつあったことを、事実関係を隠すことなく明らかにすべきです。その上で、みずからの対応のまずさから、ロシア側に混乱を与えたことを率直に表明し、再交渉を呼びかける以外にありません。

●スターリン主義の精算がいまも必要なことを説く

こういうやり方で交渉するということは、日本側が要求するのは、最大でも「四島返還」だということです。最小は、歯舞、色丹の返還と、国後、択捉の交渉継続ということです。その間に、すぐに返還しなくてもいいから国境だけは明確にしようというような、中間的な要求が存在します。

そのどこで妥協するかは、外交交渉の成り行き次第でしょう。あるいは、その交渉を、国民がどう評価するかにもかかっています。どこかで妥協したとして、そこで平和条約を結ぶのか、あるいは中間条約にとどめるのかという問題もあります。

ですから、私がここで、「どれがいい」ということは差し控えましょう。外交交渉の当事者にまかせるしかないと思います。

ただ、たとえロシア側のかつての合意を根拠に迫っても、そう簡単に相手が折れてくることは考えられません。合意があった当時と異なり、ロシアは、経済的に自信を回復し、日本の援助などは必要としていません。とりわけ、現在のロシアでは、領土拡張の原因となったスターリン主義は、精算の対象どころか、「強いロシア」への熱望によって、尊敬の対象にさえなりかねない事態です。その現状を放置したままでは、領土問題を動かすことは難しいと感じます。

だからこそ、何も動かなかった冷戦時代に、そこをこじあけた考え方にも出番があると思うのです。そうです。スターリンのように、戦争で領土を奪うやり方はおかしいのだという考え方を、ロシアの人びとに説得していかなければ、現状を変えることはできません。

この問題は、たしかにロシアの過去の行為に対する批判です。しかし同時にそれは、ロシアが現在の世界で尊敬されて生きていくためには、どうしても必要なことです。その点をくり返し明らかにし、同時に、ロシアの人びとが六〇年以上にわたって住み続けてきた現実を尊重することも明確にして、外交交渉に臨むべきではないでしょうか。

●旧島民の権利を平和条約に明記する

日ロ間の交渉がどう進展し、どこで妥協が図られるのか、現時点ではわかりません。ただ、どう妥協するかは別にして、私が大事だと考える問題があります。それは、将来のことを考え、かつて国後、択捉に住んでいた方々が島にもどり、そこで暮らしていく権利を保障することは、平和条約のなかで明記すべきだということです。主権がどうか、施政権がどうかという議論を超えて、そこだけは大切にされなければなりません。

つまり、国後、択捉の主権のための交渉を求めつつ、絶対に譲れないのは、旧島民の権利だということです。そのことを念頭に置いて、原則的で柔軟な交渉をすべきだということです。

その結果、国後、択捉については継続協議という状態で、平和条約が結ばれることも想定されます。そうなったら、実態的にはロシアが主権をもち、施政権も行使するなかで、旧島民が暮らすことになるわけであり、その権利をどうしたら保障できるのかは簡単ではありません。この点については、一つの国家とか都市のなかに他民族、他宗教が混在した歴史上の経験をよく研究し、創造的に解決すべきでしょう。バチカンとか、ニコシアとか、ベルファストなどの経験です。

なお、島にもどらない人には、国内的な措置が必要です。補償はしっかりとすべきです。

●島にもどった島民の力で展望を拓く

国後、択捉の主権を確認しないまま平和条約を結んでしまうことへの不安は大きいと思います。平和条約は、通常、領土問題に決着をつけることを意味しますから、継続協議を約束するだけでは、実効支配の強さに負けてしまい、結局は現状が続いてしまうとの危惧があるでしょう。

その不安は理解します。将来になっても主権を確認できない危険性はあります。

しかし、まず指摘しなければならないのは、島民の高齢化のリアルな実態からして、このまま膠着状態が続けば、旧島民一人ひとりにとって島にもどる権利は、永久に奪われたままになるということです。何のために領土交渉をしているかといえば、何よりも島民の利益のためなのに、原則を貫いた結果、島民が島に帰れないというのでは、意味がありません。

私は、旧島民が島にもどり、そこに住み、仕事をすることで、先の展望を切り開くことは可能だと思います。漁業にせよ、あるいは自然環境を生かした観光にせよ、日本人が先進的な役割を果たすことによって、日本なくして国後、択捉の未来はないのだという状態をつくりだしていくのです。実例で示していくのです。そのことによって、主権と施政権の問題を新たな高みに引き上げる条件を、ロシアの人びとのなかで培っていくのです。

日本人には、それだけの力はある。私はそう確信します。

あとがき

さて、この本、いかがだったでしょうか。国際法と現実政治から領土問題を学ぼうというタイトルの意味、わかっていただけたでしょうか。じつは、こういう本を書きたいと思ったのは、伏線があるのです。

もう一〇年以上前のことです。国際法学会の理事長までつとめたことのある高名な法学者をお招きし、小規模の集中的な学習会が開催される機会があったので、喜び勇んで参加しました。戦争と平和をめぐる問題がテーマだったのですが、そこで教えていただき、あるいは示唆していただいたことは、この問題を生涯の仕事にしようとしていた私にとって、大きな糧となりました。

学習会が終わり、くつろいだ時間になった頃です。その法学者が、こうおっしゃいました。「アメリカが戦争をしかけたとして、私には、それを違法な侵略だと証明することも、あるいは合法であって侵略ではないと証明することも、両方が可能です。それが国際法というものの現状です」。

国際法ってそんな程度のものか。そう感じる方がいるかもしれません。もちろん、その法学者が言われたことには冗談の要素があって、たとえば侵略戦争は許されないということについて、国際法上、異論の余地はまったくありません。しかし、では、侵略戦争とは何なのでしょうか。その後、国際刑事裁判所（ＩＣＣ）がつくられ、侵略の罪を裁くことが決まるまでに到達しているのに、裁くべき侵略の定義がいまだに決まっていない現状を見れば、冗談では済まされない問題であることが容易に理解できると思います。また、ＩＣＣの規程を見ると、ある戦争が侵略かどうかを決定するのは最終的には国連安保理だということになっており、国際法といっても政治に左右されることも理解できます。

「国際法上、日本の固有の領土だ」――。領土問題をめぐっても、国際法という言葉は、よく出てきます。でも、いま紹介した事実をふまえて考えると、ここでいう国際法というものも、じつは疑ってかかる必要があることがわかります。ある国際法を持ちだせば自国の領土だと言えるけれども、別の国際法から見れば相手国の領土だということになりはしないのか。あるいは、同じ国際法の文面であっても、いろいろな解釈が可能なのではないのか。いやいや、最後は、法律ではなく政治力の問題ではないのかと。

領土問題をめぐっては、いろいろな本が書店に並んでいます。私も、この本を書くにあたって、参考にさせていただいた本は少なくありません。でも、不思議なのは、ほとんどの本が、いま紹介したようなことにはほおかむりして、「間違いなく自国のものだ」と主張していることです（その「自国」が日本なのか相手国なのかは別にして）。

おそらく、そういう著者の方々は、本を書くほどの知識を持っておられるわけですから、国際法にも精通していて、国際法上一〇〇％自分が正しいということがあり得ないことは、よくよく理解しているはずなのです。でも、本というのは、ある特定の主張を証明するためのものですし、領土問題は主張が明確であればあるほど読者にも喜ばれますから、そんな本があふれかえることになるのでしょう。

しかし、領土問題というのは、戦争で解決した事例を見れば、一〇〇％奪ったり奪われたりしているのですが、交渉で解決した場合は、よく「フィフティフィフティの原則」といわれるように、お互いが譲歩しあっているように思います。その領土は自分だけのものであって、相手国の主張には何の道理もないという立場は、戦争では通用するけれども、外交交渉の言葉にはならないということです。

いえ、外交交渉の入口では、一〇〇％正しいと主張することはあり得るかもしれませんが（建前では）、交渉に臨もうとする限り、どこかで妥協することは織り込んでいるはずなのです（本音では）。妥協することはありませんが交渉はしましょうというのでは、相手が交渉に応じるはずもないことは、あまりにも明白です。日本の外交当局者が、竹島は爆破してしまった方が両国関係にとってはいいのだと発言したとして問題になったことがありましたが、入口から出口まで、ずっと建前だけの応酬をしていれば、そんな気持ちにもなるのでしょう。

領土問題というのは、そういう複雑な問題なのに、実際に活字になって書店に出回る本は、建前の部分だけであふれかえっています。そして、それを手にした読者は、「やっぱり自国の領土だ」と確信を深め、異なった主張に対していっそう厳しい目を向けることになります。その結果、領土をめぐる両国民の間の対立感情はどんどん深まり、外交当局が妥協を模索することがますます困難になるのです。——これがこの間の経緯（全部ではないにせよ）だったのではないでしょうか。

そういう悪循環から、そろそろ抜けださなければなりません。領土問題を前進させるには、建前だけでなく、本音の部分の主張が必要です。そう考えて、この本の執筆に挑むことにしました。

私は、じつは日本政府も本音の議論が必要だと考えているのではないかと、うすうす感じています。たとえば、批判されることの多い文部科学省の学習指導要領解説書ですが、竹島問題では、「我が国と韓国の間に竹島をめぐって主張に相違があることなどにも触れ、北方領土と同様に我が国の領土・領域について理解を深めさせることも必要である」とされています。韓国との間に「主張の相違がある」ことに触れようとしたら、当然、韓国の主張の内容も紹介しなくてはいけません。ですから、学校の先生に対して、解説書を根拠にして、堂々と韓国側の主張も生徒に教えよと諭しているのが、この「解説書」なのではないでしょうか。それは言い過ぎなのかもしれませんが、先生方は、たとえ批判されることがあっても、この解説書を盾にしてがんばればいいのではないでしょうか。

この本は、そのための材料をたくさん提供しています。それぞれの領土がどの国のものかについては、私なりの判断があるのですが、材料を隠したり、ゆがめたりしてはいけないというのが、私の立場です。

そういう私の意図を、この本でどれだけ表現できたのか。難しい作業だったので、あまり自信はありません。個人的な見解と提案も少なくないので、強力な反論もあるでしょう。でも私は、こういう作業を抜きにして領土問題が解決に向かうことはないと確信しており、異なった見解の方々との議論を通じて、共通の解決策を見いだしていきたいと考えています。この本が、そのためのたたき台の役割を果たすことになれば、壊れるまでたたかれることになっても、私は幸せです。

最後に、こんな挑戦的な本の出版を決断してくれた大月書店と松原編集部長に対して、心から感謝の気持ちをお伝えします。ありがとうございました。

二〇一一年五月

松竹伸幸

松竹伸幸（まつたけ・のぶゆき）

日本平和学会会員、日本ジャーナリスト会議出版部会世話人、労働者教育協会理事。

主な著書『幻想の抑止力』（かもがわ出版・2010年）、『マルクスはどんな憲法をめざしたのか』（大月書店・2010年）、『レーニン最後の模索』（大月書店・2009年）、『日本国憲法は「時代遅れ」か？』（学習の友社・2008年）、『平和のために人権を』（文理閣・2007年）、『靖国問題と日本のアジア外交』（大月書店・2006年）、『９条が世界を変える』（かもがわ出版・2005年）、『ルールある経済社会へ』（新日本出版社・2004年）、『日本はイラクに参戦してはならない』（共著・らくだ出版・2004年）、『反戦の世界史』（新日本出版社・2003年）、『「集団的自衛権」批判』（新日本出版社・2001年）、『「基地国家・日本」の形成と展開』（新日本出版社・2000年）、ほか。

ブログ　http://chousayoku.blog100.fc2.com/

これならわかる日本の領土紛争——国際法と現実政治から学ぶ

2011年８月８日　第１刷発行
2012年１月20日　第２刷発行

定価はカバーに表示してあります

◉著者——松竹伸幸
◉発行者——中川　進
◉発行所——株式会社　大月書店
〒113-0033　東京都文京区本郷2-11-9
電話（代表）03-3813-4651
振替 00130-7-16387・FAX03-3813-4656
http://www.otsukishoten.co.jp/
◉印刷——三晃印刷
◉製本——中永製本

ISBN978-4-272-21103-6　C0031 Printed in Japan